UNE FAMILLE

AU XVIE SIÈCLE

Lm³ 1023 B

2121

NUMm-2003

UNE FAMILLE AU XVIe SIÈCLE

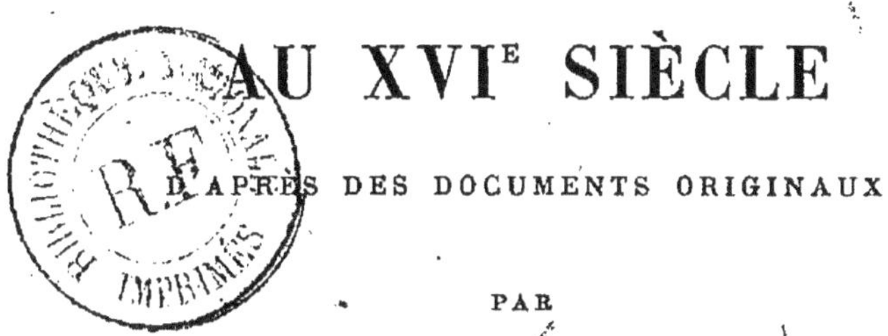

D'APRÈS DES DOCUMENTS ORIGINAUX

PAR

CHARLES DE RIBBE

PRÉCÉDÉE D'UNE LETTRE DU R. P. FÉLIX

TROISIÈME ÉDITION

COMPLÈTEMENT REFONDUE ET TRÈS AUGMENTÉE

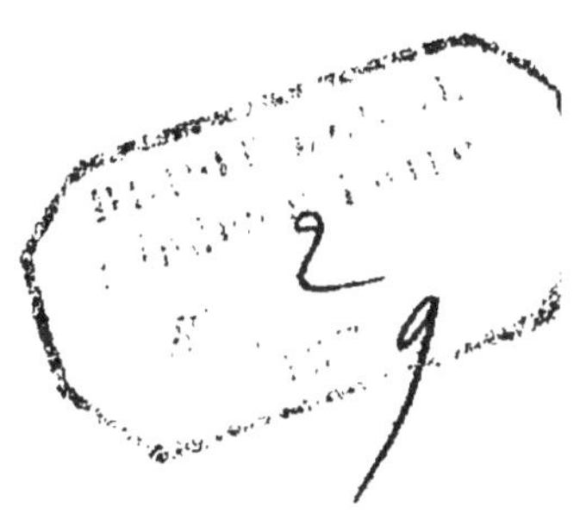

TOURS

ALFRED MAME ET FILS, ÉDITEURS

M DCCC LXXIX

AVANT-PROPOS

DE LA TROISIÈME ÉDITION

De vives sympathies accueillirent, il y a une douzaine d'années, cette histoire d'*une famille au* XVIe *siècle :* deux éditions en furent rapidement épuisées. Désireux de répondre aux vœux qui nous ont été depuis lors exprimés, nous eussions voulu en faire paraître sans retard une troisième; mais de nouvelles études nous mirent dans la nécessité de l'ajourner.

Ces études ne portaient plus seulement sur une famille; elles avaient pour objet un grand nombre d'autres [1], et elles exigeaient de nous un labeur de tous les instants.

[1] *Les Familles et la Société en France avant la Révolution, d'après des documents originaux,* 4e édition. (Tours, A. Mame et Fils, 1879; 2 vol. in-18.)

Aujourd'hui, l'œuvre est sinon achevée, du moins très avancée. Nous touchons presque au terme de notre enquête; et, de plus en plus frappé de l'impression que produisent en France et au dehors les monuments de la vie domestique de nos pères [1], ce n'est pas sans plaisir que nous revenons, pour la compléter, à notre monographie de 1866.

L'intérêt du sujet nous y invite; la reconnaissance nous en fait un devoir. Pourrions-nous oublier que Jeanne du Laurens nous a ouvert la voie, et qu'elle nous a inspiré la pensée de rechercher et de recueillir des textes d'une grande valeur, dont on ne soupçonnait pas l'existence? Ajoutons qu'un autre motif nous presse : un *Livre de famille* [2] vient d'être publié par nous, d'après les modèles, et il est accompagné d'un registre à pages blanches [3], qui permettra de rétablir dans les foyers de notre temps « la coutume du Livre de raison ». Or, la notice de Jeanne est un des plus beaux et remarquables modèles qui s'offrent à l'imitation de tous.

Quand nous parlons de compléter notre première et très petite publication, c'est peu dire. En réalité, nous la transformons en entier, et nous en faisons un livre

1 *La Vie domestique, ses modèles et ses règles, d'après des documents originaux.* (Paris, Baltenweck, 1877; 2e édition; 2 vol. in-18.)

2 Tours, A. Mame et Fils, 1879, un vol. in-18 de 290 pages.

3 Ce Livre de raison à pages blanches, publié dans des conditions appropriées au but à réaliser, porte dans son en-tête un titre imprimé avec l'indication des chapitres à ouvrir.

en quelque sorte nouveau et beaucoup plus étendu. Seul, le texte du manuscrit de Jeanne demeure tel qu'il a été définitivement reproduit par nous dans notre deuxième édition de 1867, avec les corrections que nous a fournies une copie plus exacte, communiquée par M. le marquis de Boisgelin [1]; mais il s'est enrichi du fac-simile de la signature de Jeanne, qu'a bien voulu nous adresser M. Robolly, ancien archiviste de la ville d'Arles. Cette signature offre des caractères saisissants, et dans lesquels se traduit bien la virilité d'âme de son auteur.

Beaucoup des notes mises au bas des pages sont nouvelles. Toutes celles qui sont extraites des archives des notaires et de la ville d'Arles, appartiennent au savant érudit que nous venons de nommer, et qui a eu la bienveillance de nous les offrir.

« La lecture du Livre de raison de Jeanne du Laurens, nous écrivait M. Robolly, m'a porté à rechercher dans nos archives tout ce qui pourrait se rattacher à cette famille, dont l'histoire se mêle à celle de notre ville aux XVIe et XVIIe siècles. Je vous offre le résultat de mes investigations, pour le cas où vous en donneriez une édition ultérieure. Je serais charmé si vous vouliez les regarder comme un témoignage des

1 Cette copie provient des collections de M. le chevalier de B.... V. le *Catalogue des livres rares et des manuscrits précieux composant la bibliothèque de M. le chevalier de B...*, édité par Schlesinger frères, Paris, rue de Seine, 1866, nº 4140.

jouissances morales que m'a fournies votre petit livre. »

Les lecteurs sont donc avertis ; ils sauront à qui doit être attribué le mérite des précieuses découvertes sur l'état civil de la famille du Laurens, telle qu'elle existait à Arles du temps de Jeanne.

M. Robolly ne s'est pas borné là ; il a fouillé dans les minutes des notaires, pour y rechercher les deux testaments « de Loys Laurens et de Loyse de Castellan », père et mère des huit fils docteurs dont Jeanne raconte l'éducation et les succès ; et il a eu la bonne fortune de les retrouver.

Nous croyons intéresser nos lecteurs en publiant ces actes qui ont une réelle importance ; nous les rapprochons d'autres indications et aperçus sur l'histoire de la famille, et nous les faisons précéder de toute une étude qui mettra en lumière certains points plus particuliers, dignes de notre attention.

Restaient à esquisser les trois grandes personnalités dont les figures se détachent sur le fond de la monographie : Honoré, le ligueur intrépide, qui, après avoir montré son zèle de réformateur au Parlement de Provence, le déploya comme évêque dans le diocèse d'Embrun ; André, le médecin de Henri IV, qui, dans des ouvrages alors célèbres, joignit à un profond savoir les inspirations de l'esprit chrétien ; enfin, Jean, en religion le Père Jérôme, qui ne fut pas seulement un très saint prêtre, mais aussi un orateur doué d'une vive éloquence, remuant et entraînant les foules, qui fonda en Provence de nombreuses maisons de son Ordre, et, sur tous les points de la France, prépara une admirable renaissance catholique.

Nous avons consacré à chacun d'eux une notice. Nous avons fait comme les peintres d'autrefois, qui aimaient à encadrer un tableau de médaillons où se précisaient mieux certaines parties de la scène principale et les traits de quelques personnages.

Ainsi, l'on aura sous les yeux, dans son ensemble et dans ses détails, l'histoire domestique et publique des du Laurens. Ainsi, cette famille continuera parmi nous la propagande du bien que tous ses membres exercèrent avec tant de dévouement, et quelques-uns même avec un éclat incomparable, au milieu des tourmentes du XVIe siècle. Puissent de tels enseignements rappeler à notre génération, soumise à tant d'épreuves, quel genre d'apostolat il importe plus que jamais d'exercer, dans la famille et par la famille, pour le salut d'un pays qui a un si urgent besoin de la meilleure des prédications, celle de l'exemple!

Terminons ces lignes par la simple indication d'une date qui manquait à nos deux premières éditions. Quatre ans et demi après la rédaction de ses souvenirs de famille, Jeanne du Laurens rendit son âme à Dieu, le 30 novembre 1635, âgée de soixante-douze ans.

LETTRE DU R. P. FÉLIX

A

M. CHARLES DE RIBBE [1]

Cher Monsieur,

Laissez-moi, au nom de l'Œuvre de Saint-Michel, vous remercier bien cordialement du présent que vous avez voulu lui faire en lui offrant, pour être livrée à la publicité, votre précieuse découverte : Une Famille au XVIe siècle.

Ce manuscrit, dont votre œil intelligent a saisi tout de suite, sous ses proportions modiques, la valeur exceptionnelle, est, à mon sens, un vrai trésor.

[1] Cette lettre a été écrite pour la première édition de ce livre qu'a publiée l'Œuvre de Saint-Michel.

C'est une perle précieuse, retrouvée par vous dans notre siècle pour donner une idée de la richesse morale d'un autre siècle; et l'Œuvre de Saint-Michel est heureuse de la recevoir de votre main libérale, et de l'enchâsser dans son écrin encore trop dépourvu de tels joyaux.

Certes, à ne l'envisager qu'au point de vue où se place d'ordinaire notre siècle pour juger les hommes et les choses, la Généalogie de la famille du Laurens *serait facilement dédaignée comme une bagatelle ou une non-valeur. Il n'y a ici, en effet, rien de ce que recherche le goût de ce temps trop avide de choses malsaines et de futilités brillantes. Il n'y a dans ce modeste écrit ni révélation de mystères, ni intrigues de passions, ni aventures de roman, ni péripéties de théâtre. Il n'y a même ni éclat de style, ni splendeur de génie; surtout il n'y a nulle trace de prétention artistique et d'ambition littéraire : et pourtant, je n'hésite pas à le redire, ce petit manuscrit est un trésor.*

Qu'y a-t-il donc dans ce manuscrit qui en rehausse à nos yeux la valeur et lui donne le prix que nous y attachons? Il y a l'histoire naïve, simple, vraie, authentique, d'une famille chrétienne, telle qu'elle s'est montrée au soleil d'un siècle évanoui, dans cette beauté morale, cette prospérité honnête, cette gloire immaculée et cette vitalité féconde que la religion et la vertu créent partout spontanément sous le toit qu'elles habitent. Cette peinture d'une vérité absolue et d'une simplicité charmante, ce tableau de la vie d'une famille, tracé par l'affection fraternelle et la piété filiale, sans l'ombre même d'une pensée de gloire et de publicité, avec la seule ambition de perpétuer pour la famille elle-même le culte de ses souvenirs et l'héritage de ses vertus, est, pour notre siècle surtout, d'une valeur inappréciable. C'est un exemplaire qu'on ne saurait trop montrer aux regards de ce dix-neuvième siècle, si fasciné par le prestige de l'accessoire, et si oublieux souvent, et quelquefois même si dédaigneux des choses nécessaires et fondamentales. Nous désapprenons chaque jour davantage ce que vaut et ce que peut pour la prospérité de la patrie la famille assise dans la vérité et gouvernée par la sainteté. Nous oublions que là, au foyer domestique, Dieu a caché les sources pures de la vie vraiment sociale; nous oublions que le flot des générations en sort par un jaillissement perpétuel, pour aller couvrir de la richesse de leurs vertus ou du ravage de leurs vices la terre de la patrie; nous oublions enfin cette vérité si vulgaire, que la prospérité et la grandeur des nations n'est que la prospérité et la grandeur des familles qu'elles renferment dans leur sein; et nous poursuivons avec une ardeur fébrile tous les progrès dont le charme nous séduit, excepté celui qui est la condition, la sauvegarde et le condiment de tous les autres, le progrès de la vie domestique.

Que devient, en effet, aujourd'hui parmi nous la famille? la famille! la plus belle et la plus ravissante chose que nos regards rencontrent sur la terre, alors qu'elle se déploie sous le ciel de la patrie, dans toute sa beauté, son harmonie et sa fécondité? Qu'y a-t-il de plus rare aujourd'hui, parmi nous, dans la famille, qu'un père, une mère, des enfants, des frères, dignes du nom et de la vocation que leur fit la Providence?

Où est, dans la société contemporaine, le vrai père de famille? le père! cette douce et forte majesté, qui commande par le double ascendant de l'amour et de l'autorité, et, en obéissant elle-même à Dieu, se fait obéir sans même avoir besoin de donner aucun ordre.

Où est, dans la société contemporaine, la vraie mère de famille? la mère! comme le prêtre dans le temple, exerçant son sacerdoce, faisant du foyer comme un sanctuaire où elle entretient de son souffle le feu du perpétuel sacrifice; la mère chrétienne, montrant ce que peut une femme armée de son Christ et de son cœur, pour faire sortir de ses dévouements l'honneur d'une race généreuse et d'une postérité bénie.

Où sont, dans la société contemporaine, les vrais fils de famille, puisant dans l'amour de Dieu le culte deux fois sacré de la paternité et de la maternité, et unissant, dans des âmes pénétrées de l'onction du Christ, ces trois saintes choses, signes authentiques de l'éducation achevée et des races bien élevées, l'amour, le respect et l'obéissance?

Où sont enfin, dans la famille contemporaine, ces véritables frères? frères unis par un amour où le respect se mêle à la tendresse, sachant donner et recevoir, par une mutuelle et franche communication, ces conseils de sagesse, ces échanges de délicatesse, ces témoignages de dévouement, et, par-dessus tout, cette protection affectueuse et désintéressée qui est la force de tous les frères et la joie de la paternité?

Hélas! la réalité vivante nous force de le reconnaître, ces types charmants de la vie de famille vont s'effaçant de plus en plus; et ces saintes mœurs, vraie puissance et vraie gloire de la patrie, s'en vont de jour en jour emportées par les courants de la vie et de la société modernes. Aussi, rien de plus intéressant et surtout de plus salutaire à contempler aujourd'hui que le spectacle d'une de ces nombreuses familles qui réalisaient autrefois ce pur idéal. La Famille du Laurens, *ressuscitée en quelque sorte par votre découverte inattendue, fait revivre pour nous cette touchante réalité si généralement disparue du milieu de nous. Au sein de cette famille bénie, quel père, quelle mère, quels enfants, et quels frères! Comme chacun y comprend sa fonction et sait la remplir! Ce tableau, esquissé par la main d'une faible femme, nous montre l'autorité, l'amour, le courage, la tendresse et le dévouement conspirant sous les regards de Dieu, avec une persévérance plus forte que tous les obstacles, à élever une postérité nombreuse, chaste et virile; il nous montre surtout comment, avec tout cela, et comme on disait alors,* en se peinant, *on peut faire à la société et à son siècle le don incomparable d'une génération féconde et sans tache, et comment, même* sans moyens, *selon le mot naïf de ce temps, on laisse après soi, dans les situations les plus honorables, de nombreux héritiers de son nom préparés à l'accomplissement de tous les devoirs par l'héritage de toutes les vertus. Et quand on vient à penser que cette famille du Laurens, dont vous venez de retrouver le vestige rayonnant d'un si doux éclat, n'était pas une exception, mais que la plupart des familles chrétiennes étaient encore formées à cette image, même à une époque où déjà le niveau des mœurs antiques avait baissé dans les jeunes générations, on peut juger, en voyant aujourd'hui la situation morale de nos familles contemporaines, jusqu'à quel point le chemin que nous avons fait depuis ce temps-là est dans le sens du vrai progrès et de la vraie civilisation.*

Que font aujourd'hui, pour l'honneur de notre présent et la gloire de notre avenir, ces foyers sans christianisme, habités par l'incrédulité, l'égoïsme et la dépravation? foyers presque toujours tristement solitaires, où apparaît à peine un rejeton de la race; rejeton doublement malheureux, enrichi matériellement et appauvri moralement par sa solitude elle-même, qui demain jouira tout seul de l'héritage paternel, et jettera au vent du plaisir, si ce n'est dans la boue de l'orgie, la sueur des ancêtres, et peut-être le dernier reflet de l'honneur de son nom, si tant est qu'il lui reste encore même un nom!

Oh! qui nous rendra, avec la pureté et la fécondité de la famille, les vraies sources de la grandeur et de la prospérité nationales? Qui fera revivre assez les exemples de notre passé pour instruire notre présent et féconder notre avenir? Qui multipliera, sous les yeux de cette humanité qui a perdu le sens de ses vraies traditions, ces monographies des familles d'autrefois, si riches à la fois de vérités et de vertus, si pleines tout ensemble de lumière et d'édification? Familles modèles, où la vertu multipliait la richesse, et au besoin savait en tenir lieu : familles vraiment généreuses, dont le dévouement était la loi souveraine, et où l'on ignorait les égoïstes calculs d'une prudence inhumaine et d'une sagesse antisociale. Alors, personne n'acceptait cette persuasion immorale, que l'observation dévouée de la loi de la famille puisse jamais devenir un désastre pour la famille. Alors, la prévoyance humaine ne se croyait pas en droit de déjouer frauduleusement les desseins de la sagesse divine, et l'homme au foyer ne mettait pas son habileté à triompher de la Providence de Dieu. En ce temps-là, la vie humaine multipliée sous le toit domestique, et la fraternité grandissant sous les regards de la paternité féconde, étaient acceptées comme la plus grande bénédiction du ciel, et comme la meilleure richesse de la terre : la vertu, le dévouement, le courage, pénétrés par le souffle du Christ aimé et adoré dans la famille, faisaient ces miracles de fécondité heureuse qui tiennent aujourd'hui dans la stupéfaction un siècle façonné par la main de l'égoïsme et des générations déshabituées de la pratique du sacrifice.

*L'histoire d'*une Famille au XVIe siècle *nous présente, parmi tant d'autres, un exemple de ces miracles accomplis à force de vertu, d'abnégation et de dévouement. Je vous félicite, cher Monsieur, d'avoir, en secouant de ce simple mémoire de famille une poussière déjà deux fois séculaire, fait revivre pour notre siècle un de ces beaux types emportés par le temps. Si l'on convie aujourd'hui, souvent avec un bruyant éclat, les curiosités ardentes à venir contempler un débris du passé retrouvé par la science, alors que ce débris n'est qu'un animal, une plante, une pierre, épave des vieux âges laissée au milieu de nous par le flot des siècles, avec quel intérêt bien autrement sympathique ne devons-nous pas accueillir la résurrection d'une chose du passé, alors que cette chose est la vie et la famille humaine elle-même avec ses vertus, ses sacrifices, sa sainteté et sa fécondité! Quels débris, comme ces débris de la vie humaine, peuvent et doivent exciter la curiosité des hommes?*

Continuez, cher Monsieur, par un travail aussi opiniâtre que dévoué, à recueillir avec amour et respect ces reliques ensevelies par le cataclysme des révolutions qui ont passé à la surface de l'humanité et remué ses profondeurs elles-mêmes. Creusez, creusez encore ces couches de la vie humaine, religieuse et sociale, bien autrement intéressantes que ces stratifications terrestres, où la géologie porte aujourd'hui ses regards curieux : étudiez, étudiez encore ces archives de notre passé, pour y retrouver non seulement les monuments de notre activité industrielle, artistique ou guerrière, nos hauts faits, nos chefs-d'œuvre, nos inventions; mais, ce qui est pour nous bien autrement précieux, nos habitudes, nos mœurs, nos vertus, nos sacrifices, toutes ces saintes et fécondes choses, qui sont au développement des nations et à l'épanouissement des races ce qu'est la sève au développement des arbres et à l'épanouissement des fleurs.

*Puissiez-vous, en faisant souvent des découvertes comme celle que vous venez de faire, multiplier pour notre présent les exemples de notre passé, et par là donner à un siècle dont les besoins sont immenses ces leçons dont il ne peut ni contester la vérité historique, ni dénier l'influence sociale! Puissiez-vous, par la persévérance d'une activité intelligente et d'un labeur désintéressé, contribuer, pour votre part, à cette œuvre de réforme sociale qui préoccupe aujourd'hui tant d'esprits distingués et tant de cœurs généreux! Puissent tous ceux qui liront cette histoire d'*une Famille au XVIe siècle, *si courte de détails mais si pleine d'enseignements, si peu chargée d'évé-*

nements mais si embaumée de vertus, en recevoir toute la lumière et en respirer tout le parfum; et puissent-ils en même temps vous bénir de leur avoir procuré, par la découverte de ce précieux monument, et le charme d'une telle lecture et le profit d'un tel enseignement !

C'est ce que je suis heureux, cher Monsieur, de faire ici moi-même, en vous priant d'agréer avec tous mes remerciements l'expression de mes sentiments les plus distingués.

J. FÉLIX, S. J.

Paris, 23 août 1866.

INTRODUCTION

Le manuscrit que nous publions sous ce titre : Une Famille au xvie siècle, est peut-être un des plus précieux témoignages fournis par le passé, sur ce qu'il y a de moins profondément étudié et de moins exactement connu dans l'ancien régime : *les mœurs domestiques.*

La première fois qu'il frappa notre attention, rien en lui ne laissait deviner sa véritable importance. Quelques feuilles d'un papier grossier et jauni par le temps, un mince cahier perdu au milieu d'une liasse de pièces reliées pêle-mêle par un collectionneur.., tout dans la forme était plus que modeste. Le titre même ne disait pas davantage sur la valeur du fond : *Généalogie de Messieurs du Laurens, descrite par moy Jeanne du Laurens, veufve à M. Gleyse, et cou-*

chée nayvement en ces termes [1]. Les généalogies peuvent avoir leur intérêt. Par malheur on en a tant abusé ! Et, hors quelques grandes illustrations nationales, lorsqu'elles ont pour objet des familles éteintes, elles doivent être par elles-mêmes si indifférentes à nos préoccupations et à nos travaux !

Mais le titre exprimait très mal le sujet traité. Ici, à l'inverse de ce qui se produit habituellement en pareil cas, le fond emportait et effaçait la forme. La généalogie de la famille du Laurens n'était pas du tout une œuvre héraldique, encore moins la pompeuse et vulgaire exaltation de ses titres de gloire. Elle offrait vraiment son histoire, et plus que son histoire, le tableau fidèle et complet de sa vie intime, de son régime intérieur. Un membre de cette famille du Laurens, une simple femme qui n'avait certes pas et ne pouvait avoir la moindre ambition littéraire, s'était trouvée assez habile à tenir la plume pour tracer la peinture la plus éloquente et la plus exacte, la plus naïve et la plus pittoresque, des beaux exemples dont elle avait été témoin chez les siens. Dans un style plein d'ingénuité, sans art, sans prétention, avec les charmes piquants de cette langue du XVIe siècle, si bien parlée et si bien écrite par ses illustres contemporains, Henri IV et saint François de Sales, elle avait réussi à grouper dans un mémorial domestique d'admirables souvenirs.

[1] Manuscrits de la Bibliothèque publique d'Aix, no 843.

Elle avait mieux fait encore, si nous considérons son œuvre à un point de vue plus élevé et plus étendu. Le cœur lui avait dicté pour l'instruction de ses enfants ce que la vraie, la bonne méthode d'observation conseille aujourd'hui, avec tant de raison, pour le progrès des sciences morales. Elle avait esquissé non seulement un curieux tableau de mœurs, mais presque un spécimen de monographie de famille. Cette famille était la sienne, nul ne pouvait mieux la connaître et la décrire. Elle avait compris qu'il n'y a pas au monde de preuve plus saisissante de la toute-puissance du bien que le spectacle d'une famille formée, élevée, établie, unie par la loi du devoir; création merveilleuse où la main de Dieu est visible, où se traduisent en faits tous les grands principes et tous les grands sentiments de foi, de vertu, d'honneur, de sacrifice, dont les sociétés vivent alors même qu'elles paraissent les oublier et les renier.

Regrettons que beaucoup de femmes, dans le passé, n'aient pas eu la même inspiration et ne nous aient pas transmis plusieurs documents de la même valeur. Elles, les reines du ménage, la providence du foyer, que n'auraient-elles pu et dû nous dire sur la vie, les mœurs, l'ordre de la famille, et sur les vertus qui, dans les siècles de foi, formèrent de vrais citoyens avec de parfaits chrétiens! L'œuvre de Jeanne du Laurens a pour nous d'autant plus de prix qu'elle est plus rare. Elle n'est que trop courte, et, après l'avoir lue, on voudrait bien que la bonne dame elle-même nous en eût dit plus long. Elle n'a pas toujours le don d'une correction, ni celui d'une clarté irréprochables; en parlant de ses huit frères, elle embrouille quelquefois l'écheveau de fil qu'elle semble dévider sous nos yeux. Et cependant elle a le talent de faire pénétrer en nous une vive clarté morale, tant encore une fois le cœur est un grand maître pour émouvoir.

Les du Laurens ont eu en Provence, à la fin du XVIe siècle et au commencement du XVIIe, une éclatante notoriété qui s'est tout d'un coup produite au dehors et les a portés à de hautes situations. Cette famille composée de dix enfants fournit à l'Église deux archevêques, un provincial de l'Ordre des Capucins; à la Magistrature, un avocat général éminent au Parlement de Provence; au Barreau de Paris, un avocat distingué; à l'Université, huit docteurs, parmi lesquels trois en médecine. Un de ces derniers, André du Laurens, professeur à la Faculté de Montpellier, devint un personnage à la cour de Henri IV, dont il fut le premier médecin.

Ils venaient de Savoie et ils étaient pauvres. Un jeune médecin, riche seulement d'intelligence et de sagesse, avait été conduit à se fixer sur les rives du Rhône, d'abord à Tarascon, puis dans l'antique cité d'Arles. Il y avait exercé son art avec succès, et avait mérité d'épouser la sœur d'un médecin du roi Charles IX. Tels furent les premiers débuts de sa fortune; mais il faut voir au prix de quels efforts il sut justifier l'opinion qu'on avait conçue de ses talents et de ses vertus, par quelle vie de travail il triompha de la misère, en élevant à son image un si grand nombre d'enfants dignes de lui.

Il faut pénétrer dans l'intérieur de ce ménage vraiment modèle. Bodin, en sa *République*, définit *le ménage* « un droit gouvernement de plusieurs sujets sous l'obéissance d'un chef de famille[1] ». Ailleurs, il montre comment la famille bien conduite est la vraie image de la République, et il ajoute : « Tout ainsi que, les membres chacun en leur particulier faisant leur devoir, tout le corps se porte bien, aussi les familles étant bien gouvernées la République ira bien. » On disait de même alors que le premier devoir des parents est « d'*instituer* les enfants en tout honneur et vertu » ; et Charron écrivait que, « pour peupler et garnir le public de gens de bien et bons citoyens, est nécessaire, *la culture et bonne nourriture de la jeunesse*[2] ».

La famille du Laurens réalise presque dans sa plénitude cet ordre des ménages, dont les publicistes du XVIe siècle ont pu tracer l'idéal[3], mais qui n'est jamais devenu chose pratique que par le Christianisme. C'est la famille chrétienne dans sa vérité, sa fécondité et son harmonie ; ce sont l'autorité religieusement exer-

[1] Livre I, chap. II, *Du Ménage et la Différence entre la République et la famille.*

[2] *De la Sagesse*. liv. III, chap. XIV.

[3] Encore au XVIIe siècle on trouve, dans une Déclaration royale de 1639, la famille appelée, au nom des mêmes principes, *le séminaire des Estats.*

cée par le père, le gouvernement domestique de la mère, le respect, la piété filiale, l'amour et le dévouement des enfants.

Parents et enfants ont été des saints, comme il en faudrait beaucoup dans le monde. Leurs vertus sont de celles dont saint François de Sales disait, vers le même temps, qu'on y va « *rondement, naïfvement, à la vieille françoise, avec liberté et à la bonne foy* [1] ». Vertus à la fois chrétiennes et sociales ! Elle créent les âmes bien nées, les vaillants caractères. « *Tout enfant qui se fie au bien de son père ne mérite pas de vivre,* » s'écrie un des fils du Laurens. Voilà une déclaration de principe que de telles éducations peuvent seules faire concevoir comme possible dans la bouche d'un enfant.

Enfin, quel juste orgueil éprouve la narratrice de cette simple histoire à dire et à répéter qu'elle est fière d'être sortie d'une telle race ! Nous avons trouvé dans de nombreux documents de famille l'expression des mêmes sentiments. Peut-être nous sera-t-il permis quelque jour de les publier. « *Mon père ne m'a jamais donné que de bons exemples,* écrit un fils, *je serais l'homme le plus indigne qu'il y eût sur la terre si j'étais capable de déshonorer sa mémoire. Mais, si je n'ai pas hérité de ses talents, j'espère*

1 Lettre à Mme de Chantal du 1er novembre 1605. — Dans une autre lettre du 29 septembre 1608 à la même, saint François de Sales disait encore : « *J'ay un grand amour à l'âme du bon monsieur le Prevost, parce qu'elle me semble bonne, ronde et franche.* »

avec l'aide du Seigneur succédér à ses sentiments, à sa droiture, à son bon cœur. Il m'a laissé en mourant un plus bel exemple encore de religion et de soumission aux volontés de Dieu. Je prie Dieu avec ardeur de me donner les secours nécessaires pour imiter mon bon père en sa vie et en sa mort. »

De telles familles étaient encore nombreuses au XVIIe siècle. Elles formaient la classe des gentilshommes ruraux vivant dans leurs terres loin des corruptions de Paris et de Versailles; celle des bourgeois de nos villes, heureusement fidèles à la grande loi du travail, consacrant leur patriotisme à bien élever leurs enfants et à bien gouverner les intérêts municipaux dont les derniers débris des libertés locales leur abandonnaient le soin et la responsabilité. Les artisans, les paysans avaient ces exemples sous les yeux, ils les imitaient sans peine en gardant plus spécialement le dépôt des vieilles coutumes.

La dépravation morale du XVIIIe siècle fut sans remède, le jour où elle envahit ces couches profondes. La corruption a toujours été le fléau des cours, et dans tous les temps elle fut le grand péril de la richesse [1]. Mais elle ne peut dissoudre impunément les bases mêmes d'une société; et, lorsqu'on s'est livré à une étude un peu attentive de ce travail de dissolution, lorsqu'on l'a suivi s'exerçant dans la famille, dans la

1 « *Je plaide la cause des riches en prêchant le travail,* » a dit l'illustre évêque d'Orléans. — *De la haute Éducation intellectuelle*, t. III, p. 521.

commune, au sein de la corporation ouvrière, à tous les degrés et sur tous les éléments sociaux, on ne s'explique que trop la Révolution française; on voit trop bien comment, malgré un merveilleux essor intellectuel et de généreux efforts de rénovation politique, l'ancien régime mis en poussière devait finir par un fatal et universel effondrement.

Il serait hors de propos d'examiner où en sont nos mœurs, au lendemain de si terribles leçons. Un grand orateur chrétien, dans la chaire de Notre-Dame [1], et un publiciste éminent, dans un livre aujourd'hui célèbre [2], ont réveillé naguère les consciences, soit par des adjurations éloquentes, soit par des observations de nature à faire réfléchir.

On vante beaucoup de notre temps la statistique, on l'enseigne comme une science révélant les secrets de la puissance et de la prospérité des États. Une statistique vraiment probante serait celle qui montrerait dans chaque province, dans chaque ville, dans la plus petite commune, les causes actives et permanentes de l'instabilité sociale dont nos agitations révolutionnaires sont l'explosion incessante; qui constaterait le nombre et l'importance des familles que le désordre des mœurs a fait disparaître dans un siècle et même dans un demi-siècle. L'inventaire serait douloureusement signi-

1 Conférences sur la famille par le R. P. Félix, prêchées en 1860.

2 *La Réforme sociale en France, déduite de l'observation comparée des peuples européens*, par M. Le Play, Commissaire général aux Expositions universelles de 1855, 1862 et 1867.

ficatif. Des familles ont mérité d'être sauvées du naufrage. A quoi le doivent-elles, sinon à de fermes croyances, à un religieux esprit de travail? Des familles nouvelles se créent de nos jours, on pourrait dire qu'elles s'improvisent sous l'action d'une prospérité industrielle et commerciale inconnue de nos pères. Dans la violence du courant qui emporte le monde, on pense avec inquiétude à leur lendemain, on ose à peine croire qu'il puisse rien se constituer de solide et de durable. Ce que les pères ont amassé avec une activité fébrile, les enfants ne le dissiperont-ils pas follement dans l'oisiveté et quelquefois dans la honte?

Ne désespérons pas de voir la société moderne, lasse de tant de stériles agitations, revenir, par l'évidence et la puissance même des faits, à l'intelligence et à la pratique des vrais principes. Certains côtés de la nature humaine se modifient dans le cours des siècles; il est des institutions qui vieillissent, des formes sociales qui périssent lorsqu'elles sont usées. Mais le fondement des mœurs, la famille, ses conditions et ses éléments d'ordre, de solidarité, de stabilité, de perpétuité, tout cela ne peut changer, tout cela est indestructible. Hors de ce fondement, qu'est devenu l'ancien régime? Sans lui, que deviendraient même dans l'ordre matériel nos conquêtes et nos progrès?

Trop de bons esprits, trop de cœurs honnêtes, endoloris et souffrants, seraient disposés, en sondant la profondeur du mal, à le juger incurable. Il n'y a pas de mal moral incurable quand on est chrétien, comme il n'y a plus depuis le christianisme de société fatalement vouée à la décadence. Pense-t-on que les siècles de foi n'aient pas été des siècles de lutte? Et notre grande, notre incomparable société française serait-elle tombée si bas au XVIIIe siècle, si elle n'avait été livrée à une impulsion désastreuse, sans frein, sans efforts de la part des gens de bien?

Ce sont là les meilleures leçons que puisse donner l'histoire, et telles sont aussi, c'est très remarquable, la conclusion et la moralité de la touchante et instructive histoire qui nous fournit l'occasion de ce préambule.

La narratrice émue au terme de son récit, célébrant une dernière fois les vertus et les gloires de sa famille, mêle une ombre au tableau charmant qu'elle vient de nous dérouler. Elle écrivait en 1631. Déjà, on se plaignait autour d'elle d'une nouvelle invasion de la corruption, que les épreuves causées par de longues guerres civiles et religieuses avaient un moment refoulée. Ce n'était plus le règne de Henri IV, ce n'était plus cette ère d'apaisement succédant à de cruels déchirements, qui avait marqué les débuts du XVIIe siècle, qui avait produit une si belle floraison d'esprit chrétien et de sainteté.

Déjà, malgré le réveil du bien, malgré la restauration ou la réformation de tant d'ordres religieux, de nouveaux dangers semblaient naître de la sécurité dont on jouissait.

Déjà, en 1631, des esprits découragés croyaient pouvoir excuser leur mollesse, en répétant que les temps étaient mauvais et qu'ils étaient bien meilleurs autrefois.

Et Jeanne du Laurens répondait avec un grand sens, ce qu'il a été toujours vrai de dire, ce qu'il est opportun et nécessaire plus que jamais de penser et de croire : « *Tous les temps sont bons pour pratiquer le bien et travailler à se réformer.* »

CHARLES DE RIBBE.

Aix, août 1866.

PREMIÈRE PARTIE

LE RÉCIT DE LA FILLE

UNE FAMILLE

AU XVIe SIÈCLE

PREMIÈRE PARTIE

LA GÉNÉALOGIE DE MESSIEURS DU LAURENS

L'origine et commencement de feu mon père, M. Louys du Laurens [1], sont tels : il estoit de Savoye, d'un village nommé Pugnet, près de Chambéry; ses parens n'avoient que ce fils et une fille, et se tenoient à Turin où il l'envoyoient au collège pour apprendre.

En ce mesme temps, un seigneur voulut aller

[1] Voir, sur la transformation du nom primitif de « Laurens « en « du Laurens », notre deuxième partie.

estudier à l'Université de Paris. Mon père en ayant eu quelque vent l'alla trouver, s'offrit à luy pour l'y accompagner en qualité de précepteur et luy rendre toute sorte de services, le tout au desceu de ses parens. Il fut receu courtoisement par ledit seigneur et fit le voyage avec luy, s'acquittant très dignement de sa charge, au contentement de celuy qu'il avoit si bien eslevé et à son honneur; ce qui jeta les premiers fondemens de sa fortune et de son advancement. Car ce seigneur-là, pour ne se montrer ingrat, voyant que mon père avoit une vocation honorable aux bonnes lettres, et se retirant en son pays, luy donna une somme d'argent pour s'entretenir et suivre son dessein : au moyen de quoy, mon père estudia en la Faculté de médecine avec Honoré de Castellan, avec lequel aussy il fut gradué à Paris. Ses père et mère décédèrent durant son séjour.

Peu de temps après, le dit sieur de Castellan s'en vint à Avignon où habitoient ses parens natifs de Riez, en Provence, à cause des guerres qui estoient en leur pays, et y mena mon père, ayant esprouvé la fidélité de son amitié. C'estoit du temps de l'empereur Charles Quint et du roy François Ier.

Le père d'Honoré de Castellan, homme noble

et de moyens [1] et ne manquant point d'amis, voyant la capacité de son fils, luy procura une chaire en médecine à Montpellier où celuy-cy lut publiquement et glorieusement. Et, pour mon père, il le fit loger à Tarascon, où premièrement Louys du Laurens fut médecin.

La renommée du sieur de Castellan s'espandoit de jour en jour par le Languedoc; et il estoit en grande réputation, de sorte que, pour l'arrester dans le pays, on le maria avec une fort honorable damoyselle, sœur de M. de Caleycouses, laquelle il mena à Montpellier. Il s'acquitta si bien de sa charge que le bruit de sa suffisance vint jusqu'aux oreilles du roy Charles Neufviesme, qui le voulut avoir à son service. Mais, avant son despart, il visita ses père et mère à Avignon, y laissant sa femme pour quelque temps : ce que sçachant mon père s'y achemina dès aussitost, pour le voir et prendre congé de luy, en renouvelant leurs amitiés.

Honoré de Castellan le vit de fort bon œil et luy dit familièrement : « *Avant mon despart, je veux vous marier avec une mienne sœur qui est veufve.* » Mon père estoit là avec humilité, luy disant qu'il ne méritoit pas tant de faveur. Le dit

[1] C'est-à-dire riche.

sieur l'assura qu'il parloit à bon escient et du consentement de ses père et mère, voire de sa sœur, tellement que le mariage s'accomplit en février 1553. En quoy Honoré de Castellan montra par effect combien il affectionoit mon père, disant à sa sœur en particulier à la louange de son ami : « *Ma sœur, je vous donne un homme qui n'a pas de moyens, mais c'est l'un des plus vertueux et habiles de sa vacation*[1], *au reste homme qui a la crainte de Dieu devant les yeux*[2]. » De quoy, elle demeura fort contente, passant avec son mary heureusement le cours de ce monde, non sans la grâce et bénédiction du Ciel. Elle s'appeloit Louyse de Castellan. Voilà le commencement de la fortune de mon père.

1 *Vacation* signifiait alors *profession.*

2 Il est dit de Job dans les Livres saints : « C'était un homme simple et droit, craignant Dieu et fuyant le mal. » Les Livres de raison de l'ancienne France portent l'empreinte de cette simplicité biblique. Ainsi, en 1680, Joseph de Sudre d'Avignon ne peut mieux louer son aïeul qu'en disant : « C'estoit un grand homme de bien, craignant Dieu.. » Lorsqu'on enregistrait la naissance d'un enfant dans le journal domestique, on employait habituellement cette formule : « *Dieu le fasse vivre en son amour et en sa sainte crainte !* » (*Les Familles*, chap. II.)—La belle et forte expression « avoir la crainte de Dieu devant ses yeux », employée dans le récit de Jeanne, est empruntée par elle à saint Paul; *Épître aux Romains*, chap. III, 18.

Or, le sieur de Castellan estant allé en Cour, où peu de temps après il fut nommé premier médecin du Roy, mon père retourna à Tarascon, où il exerça sa vacation en fort homme de bien, et ma mère eut cinq enfans en cette ville.

Le premier fut *Honoré*, qui porta le nom du dit sieur nostre oncle et fut advocat du Roy à Aix, succédant à son beau-père M. d'Ulme, et du depuis archevesque d'Embrun. Il naquit l'an 1554, le 7 mars, fut baptisé en l'église Saincte-Marthe au dit Tarascon, madame l'abbesse [1] estant sa marraine.

Leur mariage fut faict, comme j'ay dit, l'an 1553, avec fort peu de moyens, hormis le douaire de ma mère qui ne fut que de 600 florins [2], et quel-

[1] Madame l'abbesse de Saint-Honorat de Tarascon.

[2] Longtemps les dots des filles furent modiques, et l'on ne put se plaindre des mariages d'argent. André Lefèvre d'Ormesson, doyen du conseil d'État sous Louis XIII, parlant de celle que sa mère reçut en 1559 (10,000 livres), ajoute : « *Mon père avoit recherché le support et l'alliance, plus que les richesses.* » Telles étaient les vieilles mœurs françaises. Le poète Malherbe, qui épousa à Aix, en 1581, Madeleine de Coriolis, fille d'un président au Parlement, raconte, dans une instruction à son fils (1605), que le bien de sa femme consistait en 3000 écus mis sur la communauté de Brignoles et 800 écus constitués en rente sur la communauté de Ta-

que peu d'argent que mon père avoit gagné auparavant, dont il achepta une petite maison au dit Tarascon. Ma mère, se voyant si pauvre et desjà en charge (de famille), eust perdu presque déjà courage, n'eust été la fiance qu'elle avoit en Dieu, joincte à la probité et au soin de son mary, qui la consoloit ordinairement.

Je luy ay ouy faire un plaisant conte, que je coucherai icy en peu de mots. Mon père, passant un jour par la place et voyant de la ferraille, en achepta trois pièces, ce dont ma mère se resjouit pensant qu'il n'estoit si pauvre qu'elle s'estoit imaginé. Mais cette joye fut de peu de durée, quand mon père luy dit qu'elle les envoyast querir par la servante chez une sienne commère revenderesse où il les avoit laissées, et payast le prix d'icelles. Ce qui fit prendre résolution à ma mère de s'esvertuer d'ores en avant, comme son mary, à relever leur pauvreté et tascher de passer honestement et en gens de bien le reste de leurs jours, en eslevant la famille qu'il plairoit à Dieu leur donner; ce que par adventure elle n'eust faict, si elle eust eu davantage de commodités: car les richesses le plus souvent rendent les gens

rascon. — *Les Familles*, t. II, liv. III, chap. I : « le Mariage et l'Épargne. »

orgueilleux ou fainéans. Elle continua ainsi jusqu'à ce que mon père mourut, l'an 63e de son âge, et elle tascha de faire encore mieux après son trespas.

Et pour revenir à nostre propos, en l'année 1555, et le 21 septembre, ma mère eut un autre fils au dit Tarascon, qui fut nommé *Charles-Baptiste* et baptisé à Saincte-Marthe. Son parrain fut noble Charles de La Motte, et sa marraine ma grand'mère maternelle. Celuy-cy mourut assez jeune et premier médecin d'Arles.

L'an 1557, ma mère s'accoucha d'un autre fils, et le 27 may[1] fut baptisé au dit lieu et nommé *Julien*. Son parrain fut un docteur d'Avignon nommé Julien de Collin, et la marraine damoyselle Dupré de Tarascon. Celuy-cy fut premier théologal perpétuel d'Arles et homme de sainte vie, qui s'exposa fort librement pour assister les malades de la contagion.

L'an 1558 et le 9 décembre, naquit mon frère *André* au mesme lieu et fut baptisé en mesme église. Son parrain fut M. André Monyroux d'Avignon, homme qualifié, la marraine Mlle de Terne.

[1] Julien naquit le 28 mai, d'après les registres des baptêmes de Sainte-Marthe.

Celuy-cy fut chancelier de l'Université de Montpellier, puis successivement premier médecin du Roy Henry IV et couché au nombre des hommes illustres.

L'an 1560, naquit encore à Tarascon mon frère *Antoine*, baptisé en ladite église. Son parrain fut M. Antoine du Rey, sa marraine D^{lle} Florimonde de Cauvin. Celuy-cy est encore vivant, grand personage et advocat au privé Conseil, habitant Paris et bien marié avec une honeste damoyselle, fille de feu M. de Robert de Paris, grand personage.

Voilà les cinq enfans qui naquirent à mon père durant son séjour à Tarascon. Les autres six (car il y en eut onze en tout), entre lesquels je suis, naquirent à Arles, où il se retira du depuis, y ayant esté appelé. Car, comme il estoit un des braves médecins de son temps et qu'on l'appeloit de toutes les villes circonvoisines, il se comportoit en telle sorte que ceux qu'il avoit traités une fois désiroient l'avoir encore à leur besoin, surtout à Arles, où il estoit fort aimé : ce qui l'occasionna d'y prendre sa retraite et d'y terminer ses jours à l'âge de 63 ans.

Or, il avoit une belle méthode en luy et grand soin de ses malades qu'il adsistoit ordinairement, quand ils prenoient médecine, se levant tousjours de grand matin pour cet effect. Et estant enquis pourquoy il prenoit cette peine, il respondoit que c'estoit pour voir en quel estat estoit le malade et l'interroger comme il s'estoit trouvé la nuict précédente, de peur qu'estant arrivé quelque accident, il ne prist la médecine mal à propos; disant souventes fois qu'en toute occasion il se faut peiner, si on désire de s'en bien acquitter, là où il s'agit maintes fois de la vie de l'homme.

Voyant donc que ses enfans croissoient en âge, qu'il falloit leur faire aprendre la vertu et les pousser aux bonnes lettres, il prit de là subject et résolution d'habiter à Arles, où il sçavoit y avoir un bon collège; et il y mena toute sa famille.

Au commencement, il lisoit [1] aux chirurgiens le matin, et l'après-disné aux apoticaires, pour les rendre capables en leurs vacations au profit du public, obligeant par ce moyen tout le monde, surtout ceux qu'il enseignoit, se rendant si familier que bien souvent, quand il n'estoit pas occupé en sa charge, il alloit avec eux herboriser à la montagne de Gordes ou autres lieux voisins.

[1] *Lire* était synonyme d'*enseigner*. On sait que les professeurs au Collège de France furent d'abord qualifiés de *lecteurs royaux*.

Cette familiarité et obligation qu'il acquéroit sur eux estoit cause qu'il avoit autant et voires plus de pratiques qu'il n'en pouvoit faire ou désirer. Et, ce qui est le plus remarquable, il ne prenoit point d'argent des pauvres ; tant s'en faut, il leur en fournissoit, s'ils en avoient besoin. Autant en faisoit-il des prestres, des escoliers et autres gens de lettres [1]. Aussi estoit-il tant aimé que rien plus, et la grande pratique qu'il avoit augmentoit de jour en jour sa capacité et réputation.

L'an 1561 et le 9 novembre, naquit en Arles mon frère *François*. Il fut baptisé en l'église Sainct-Trophime. Son parrain fut M. François de Valleriola, docteur en médecine, et sa marraine Mme de Bastony. Le dit François mourut à l'âge de cinq ans.

Je *Jeanne du Laurens* naquis en Arles, l'an 1563, le 1er jour de may, et fus baptisée en l'église Sainct-Martin. Mon parrain fut un chanoine de l'église Sainct-Trophime, nommé M. Vincent; ma marraine, Mme de Montdragon, lors gouvernante d'Arles. Car dans ce temps-là l'on faisoit

[1] C'est la charité de l'instruction, telle que les sociétés chrétiennes ont toujours su la donner, c'est-à-dire généreusement. On la pratiquait alors sans bruit, et des maîtres dévoués en prenaient quelquefois toute la charge.

des gouverneurs estrangers, mais à présent n'y en a point d'autres que Messieurs les Consuls.

Le 1er août 1564, naquit mon frère *Richard*, fut baptisé en l'église Sainct-Martin. Son parrain fut M. Richard de Sabatier, pour lors consul; sa marraine, Mlle de Crest, dame de Sainct-Just. Celuy-cy fut docte médecin, ayant pratiqué à Lion, et mourut en Arles l'an 1629; il a esté enterré aux Capucins en la chapelle Sainct-Félix, qu'il avoit faict bastir peu avant son trespas.

L'an 1565, naquit mon frère *Jean*, fut baptisé en la dite église. Son parrain fut noble Jean de Romieu, consul, sa marraine la femme de M. le docteur Fauchier. Celuy-cy fut capucin trente-six ans et par trois fois provincial de son Ordre, en laquelle charge il mourut aux Martigues en réputation de sainct homme. Il porta le nom de Jérôme chez les Capucins.

Le 14 septembre 1567, naquit mon frère *Gaspard*, baptisé en l'église Sainct-Martin. Son parrain fut noble Gaspard de Beaumartin; sa marraine la femme de M. de Robiac. Celuy-cy est mort archevesque d'Arles.

Le 7 janvier 1569, est née ma sœur *Honorade*, baptisée en la dite église. Son parrain fut M. Antoine Bofandy, sa marraine Dlle de Castellan, sœur de ma mère. Celle-cy est morte, jugesse de Tarascon [1], fort honeste femme.

Jusques icy est la naissance de tous mes frères et sœurs. Mon père et ma mère ont pris une grande peine et un soin particulier à nous faire bien nourrir [2] et endoctriner, autant que père et mère ont jamais faict.

L'an 1565, le roy Charles Neuf estant venu à Arles, M. de Castellan mon oncle, son médecin, y vint aussy et logea chez mon père, où il fut fort bien receu. Dès aussitost, il fit préparer mes frères pour réciter des vers au Roy, s'entend de ceux qui en estoient capables; puis, les présentant au Roy, il luy dit : « *Sire, vous aurez icy un jour de braves serviteurs.* » Alors le Roy respondit : « *Je les recognoistray.* » C'est chose que j'ay souvent ouy dire à ma mère : « *Faites vos enfans vertueux et ne vous peinez d'autre chose, je les pourvoyray tous, Dieu aydant.* »

En suite de quoy, M. de Castellan mena mon frère Honoré son filleul à Paris, pour le faire estudier en l'Université, où estant arrivé le dit sieur

1 Par son mariage avec Jean de Barrême, juge et viguier de Tarascon.

2 Cette expression, qui n'avait pas alors un sens purement matériel, caractérisait toute l'économie de l'éducation.

ne vescut guères après; et, pour ne laisser mon frère en carrière, il ordonna par son testament qu'il seroit entretenu aux estudes et qu'il passeroit docteur à ses despens [1]. Les nouvelles de sa mort estant venues en Arles, comme on lisoit la lettre, ma mère tomba pamée de douleur, se voyant privée d'un si sage frère et si bon en son endroit, qui luy avoit promis de faire beaucoup pour ses enfans et l'eust montré par ses effects, si Dieu luy eust presté plus longue vie.

Il me souvient que ma mère estoit si affligée d'une si grande perte qu'elle ne pouvoit se résoudre, ains vouloit mourir, et que feu mon père, la voyant ainsi déplorée, la souleva et consola en luy disant :

« *Ma femme, relevez-vous. Tout ce qui nous arrive est par la providence de Dieu, il faut se conformer à sa sainte volonté et ne faut avoir espoir qu'en luy et non point aux hommes. Vous ne sçavez pas que peut-estre, si vostre frère eust*

1 On trouve, aux xve et xvie siècles, beaucoup de dispositions testamentaires de chefs de famille qui font même une loi à leurs enfants de passer docteurs, pour se rendre aptes à entrer dans la magistrature ou l'université, et leur laissent à cet effet une somme d'argent avec affectation spéciale. — *Les Familles*, t. II, chap. VII intitulé : « La Jeunesse et le Devoir du travail. »

vescu, nos enfans eussent esté des fainéans, se fiant en son aide et faveur, et que se voyant pauvres et desnués d'un tel parent ils se donneront à la vertu[1]. » Et il répétoit ces mots : « *Il ne faut point avoir espoir aux hommes, tout en Dieu. Estant chrestienne comme vous estes, ne vous faschez de rien, ne mettez point vostre espoir aux hommes, tout en Dieu qui est le père de nous tous et nous mandera tout ce qui nous est nécessaire. Point d'espoir aux hommes, il faut prier Dieu*

1 Jeanne a déjà dit plus haut : « Les richesses le plus souvent rendent les gens orgueilleux ou fainéans. » Les périls de la richesse! Ils sont mille fois plus redoutables que les épreuves fortifiantes de la pauvreté. Combien de parents y pensent aujourd'hui dans les éducations?

Aussi le spectacle des éducations vraiment et solidement chrétiennes, telles qu'on les donnait dans les familles modèles, qui sont les objets de nos études, est-il de nature à instruire. Il y a sur ce sujet des formules très remarquables.

« Au xve siècle, le maréchal de Boucicaut disait : « *Si mes enfans sont prud'hommes et vaillans, ils auront assés, et, si rien ne vaillent, dommaige sera que tant leur demeurera.* » Au xvie, Hurault de Cheverny, chancelier de France : « *Pour les biens temporels, j'espère, avec l'aide de Dieu, leur en laisser assez, s'ils sont gens de bien, comme je désire; et trop, s'ils sont autres, ce que Dieu ne veuille permettre.* » Et le maréchal de Tavanes : « *Les enseignemens des vertus valent mieux que les héritages qu'on laisse aux enfans. Par l'imprudence se perdent l'âme et les richesses; par la sagesse, elles se conservent et s'accroissent.* »

pour son âme et il nous faira plus de bien en l'autre monde qu'en celuy-cy. »

Et il tourna répliquer à tous ses enfans : « *Point d'espoir aux hommes, tout en Dieu; le servir, l'aimer, l'honorer de tout vostre cœur, de tout vostre pouvoir. Employez bien le temps, et Dieu nous mandera plus que nous méritons. Je suis venu de peu et ay une tant belle famille, et avons tout ce qui nous est nécessaire. Soyons dévots, vivons vertueusement, ayons en suite de ce confiance en Dieu* [1]. »

Ayant faict ces belles remonstrances de grande affection, il nous fit instruire de tout son pouvoir, ne nous espargnant rien de tout. Il entretenoit le précepteur de ses enfans comme ses propres parens, festinoit souvent les régens du collège pour leur donner occasion de se peiner pour iceux enfans et par ce moyen les rendre tous vertueux [2].

1 « *Ne crains rien, ô mon fils ! Si nous menons une vie pauvre, il n'est pas moins vrai que tu seras toujours riche, pourvu que tu conserves la crainte de Dieu, l'innocence du cœur et la pratique des vertus que Dieu commande.* » — Enseignements de Tobie le père à son fils.

2 Au XVIIIe siècle, Rollin insistait sur l'absolue nécessité des rapports que les parents doivent avoir souvent avec les maîtres : — « Il faut que les parents voient souvent le prin-

Quant à sa vacation, comme j'ay dit cy-dessus, il avoit tant de pratiques qu'il en pouvoit faire, Dieu y pourvoyant, pour subvenir à sa famille; et, afin de s'en mieux acquitter en une telle presse, il fallut qu'il tinst une petite mule; car à pied il n'y eust pu vaquer.

Il avoit un pauvre parent en Savoye, nommé Conchet, qu'il manda querir pour la gouverner, disant qu'il falloit tous-jours avoir soin de ses parens et leur faire tout ce qui estoit en nostre pouvoir. Ainsi Conchet gouvernoit ladite mule, et puis alloit à la chambre[1] estudier avec mes frères. Ma mère, afin qu'il eust plus de loisir d'estudier, faisoit tout plein d'œuvres serviles. Ledit Conchet fit en telle façon qu'il devint précepteur de mes jeunes frères et s'addona du tout[2] à l'estude. Il exerça toutes les classes en Arles, où il gagna une bonne somme d'argent, et puis alla à Paris estudier en médecine avec mon frère Charles. Or, pour n'avoir de moyens de reste ny autres rentes que son espargne, il vivoit assez pauvrement, et, voyant la cherté du vin qui se vendoit douze sols le pot, il se contentoit de boire de l'eau. Mon dit

cipal, le régent, les précepteurs, pour s'informer de la conduite des enfants. » *Traité des études*, Liv. VIII, chap. III.

1 De travail, ou salle d'étude.

2 Locution surannée signifiant: *tout entier*.

frère voulut en faire de mesme, mais il luy en prit mal, car il se gasta l'estomac et ne vescut que jusqu'à l'âge de 33 ans[1]. D'abondant, estant encore à Paris, il eut un grand effroy, à cause du massacre de Saint-Barthelemi, qui arriva l'an 1572 et dont il nous manda par escrit les particularités ; et cela m'en fait ressouvenir. Or, combien qu'il vescust ainsy chichantement, il ne laissoit pas pourtant de bien employer son temps, ce qui le fit regretter davantage par mes père et mère, sçachant par après qu'il avoit si peu despendu au préjudice de sa santé. Car ils disoient que *les père et mère doivent ces deux choses à leurs enfans, les bien endoctriner et nourrir honestement; qu'avec cela, s'ils leur pouvoient laisser quelque chose, à la bonne heure; sinon qu'avec une bonne instruction et nourriture, pour peu qu'ils ayent, ils ont assez*[2].

Pour mon frère Honoré, il estoit aussy à Paris au despens de l'héritage de feu M. de Castellan

1 Charles du Laurens mourut le 25 avril 1589. — *Archives d'Arles;* registre Sacristie A, f° 243.

2 « Mon père n'avoit point ou presque point de fortune personnelle; ma mère ne lui en avoit apporté que fort peu; mais il avoit pour principe que l'instruction est le capital le plus utile qu'on puisse laisser aux enfans. » *Livre de raison de Pierre-Joseph de Colonia, intendant des finances sous Louis XVI.*

nostre oncle, comme j'ay desjà dit. Mais jusqu'alors il n'avoit guère bien employé son temps, estudiant en médecine, mais à contre-cœur. Ce que voyant, mon frère Charles, quoyque plus jeune, prit la hardiesse de luy dire : « *Mon frère, pardonnez-moy, s'il vous plaist, ce que je veux vous dire. Vous estes mon aisné et vous estes plus ignorant que moy en la Faculté que nous estudions. Si vous sçaviez la charge qu'a nostre maison, vous employeriez mieux le temps que vous ne faites, en vous addonant à la vertu. Nous sommes dix enfans, nos parens n'ont pas de grands moyens; si nous ne nous esvertuons, nous serons misérables* [1]. »

[1] La vie de saint François de Sales, par son neveu Charles-Auguste de Sales, nous offre un discours semblable tenu par le seigneur de Sales à son fils : « *François, puisque vous estes l'aisné de vos frères, qui sont en grand nombre, vous devez aussi estre un jour leur appuy. Et partant, il faut que vous jettiez vostre prétention à des charges que la cognoissance des bonnes lettres ne refuse jamais à vos semblables. Vous sçavez que vos ancestres ont apporté à nostre maison, par la grâce de Dieu, beaucoup d'armoiries et de généalogies, mais certes, quant aux revenus, ils n'en ont mis qu'à médiocrité. Il est à vostre pouvoir d'y apporter l'un et l'autre, si vous voulez. De moy, quoy que je ne sois pas beaucoup riche, jamais je ne vous manqueray; mais il faut que vous coopériez et que vous croyiez un peu mon conseil...* » Tome I de la nouvelle édition de L. Vivès, p. 51.

Alors, mon frère Honoré luy dit : « *Tout enfant qui se fie au bien de son père ne mérite pas de vivre. Il faudroit que nostre père fust magicien, pour nous laisser du bien et avoir tant d'enfans. Nous luy sommes assez obligés de nous avoir laissé l'estre que nous tenons de luy*[1]. *L'on est ce que l'on veut en s'exerçant à la vertu, et je ne quitterois pas ma part d'estre un jour premier président en Provence*[2], *si l'on me laissoit estudier aux lois. Ce que vous me dites, que je suis ignorant, provient de ce que ma volonté n'est pas d'estre médecin, et je n'y feray jamais rien qui vaille.* »

Alors, mon frère Charles escrivit à mes père et mère la volonté d'Honoré, ce qui fut cause qu'ils l'envoyèrent querir disant entr'eux : « *Pour les enfans, Dieu inspire quelquefois de suivre la*

1 « *Que ne puis-je graver ces maximes en lettres de feu, pour qu'elles ne soient jamais oubliées de ceux qui liront cette généalogie!* » disait un père du XVIIIe siècle, en donnant à ses enfants de semblables enseignements.

Avec quelles lettres de feu ne faudrait-il pas les inscrire, surtout aujourd'hui, dans la plupart des foyers domestiques! Les enfants ne savent que trop, même dès le berceau, que, quoi qu'ils fassent, l'héritage paternel leur est assuré; aussi beaucoup se dispensent-ils de tout travail, de tout effort.

2 Cette première présidence, il la refusa plus tard, lorsqu'elle lui fut offerte par Henri IV. — Voir dans le premier appendice notre notice sur Honoré du Laurens.

vacation qui leur est nécessaire et ne les faut contrecarrer. » Estant icy, Honoré dit à mon père : « *Je vous donneray contentement, et à ma mère, en sorte que vous n'aurez subject de vous plaindre de moy, puisque Dieu m'appelle en cette vacation qui est plus conforme à mon naturel. Je me peineray tant que je pourray. En se peinant, on parvient : nul bien sans peine, heureux ceux qui se peinent, car l'oisiveté est mère de tout vice et meschanceté*[1]. » Par ainsy, voyant sa résolution, mes père et mère l'envoyèrent à Turin, où il se rendit brave en peu de temps en droict et s'acquit du renom en cette Université.

Charles ayant achevé ses estudes avec Conchet, ils s'en vinrent tous deux par Aix ; et mon père les mena passer docteurs en théologie en Avignon, d'où revenant, mon dit père jà cassé de vieillesse et subject à la pierre, pour le tracas du chemin, ayant demeuré sept heures à cheval, tomba malade et mourut peu après. Pendant sa

[1] Le jour est venu de faire renaître pratiquement ces grands préceptes, qui ont formé les classes vraiment dirigeantes des peuples chrétiens.— « Lorsque j'étais au milieu de vous, disait saint Paul, je vous déclarais que celui qui ne veut pas travailler ne mérite pas de vivre. *Si quis non vult operari, nec manducet.* » Epist. ad Thess., II, cap. III, v. 10.

maladie, il y avoit un chanoine à Sainct-Trophime, nommé M. Vincent, et mon parrain, lequel, estant bien malade, résigna son office à mon frère Julien. Quand Julien fut receu du Chapitre, il vint devant mon père, habillé en chanoine, et mon père luy dit: « *Mon enfant, bien te soit, si tant est que sois chanoine. Acquitte-toy en homme de bien, à cette intention ont esté fondées les chanoinies; mais, si mon compère revient en santé, rends luy sa chanoinie; Dieu, qui est le père commun, te pourvoyra de ce qui t'est nécessaire.* » Le lendemain Noël 1574, mon père mourut[1].

Et, avant que de rendre l'âme, il nous fit mettre tous à genoux et nous donna sa bénédiction, faisant mettre un jeune fils à la place de mon frère Honoré qui estoit encore à Turin. Il nous fit à tous une belle exortation de bien vivre en l'amour et crainte de Dieu, et d'estre bien humbles et obéissans à nostre mère. Elle se mit à pleurer de

[1] D'après la quittance du solde de ses honoraires comme médecin de la ville d'Arles, Louis du Laurens serait décédé le 23 décembre 1574. Il fut compté à ses héritiers, sur l'acquit de sa veuve Louise de Castellan, la somme de 38 florins, 4 sols, pour vingt-trois jours, ses gages étant de 50 florins par mois.

voir un mari si sage, si homme de bien, instruisant si bien ses enfans et luy gagnant sa vie. Ce bon homme la voyant pleurer luy dit[1] : « *Ma femme, je vous prie, ne pleurez point, consolez-vous avec Nostre-Seigneur. Je m'en vais à une autre patrie, où je leur feray plus de bien qu'icy. Je ne les nourrissois pas, mais c'estoit Dieu nostre père qui en a eu soin jusqu'à présent et en aura soin tant qu'ils vivront. Faites-les bien instruire et donnez leur une vacation, telle que cognoistrez leur estre propre, et à laquelle Dieu les appellera. Et puis, ne vous peinez de l'avenir,*

[1] Ne soyons pas étonnés de voir Jeanne du Laurens, après de longues années, se rappeler et rappeler si bien à ses enfants les derniers adieux de son père. Le chancelier d'Aguesseau nous offre le même exemple de piété filiale. Les recommandations paternelles et maternelles ainsi faites dans le moment suprême étaient textuellement relatées dans le Livre domestique. Les enfants les recueillaient avec vénération, ils voulaient en rendre le souvenir ineffaçable pour eux et leur postérité; ils regardaient leurs parents comme inspirés de Dieu, à cette heure solennelle entre toutes, et même comme ayant des vues presque surnaturelles sur leur avenir.

« Ce 11 juin 1669, dit l'un d'eux, mon père rendit l'âme à Dieu. Il avait toujours vécu en grand homme de bien; il prophétisa le jour de sa mort. »

Voir *Les Familles*, t. II, liv. III, chap. III : « La Bénédiction paternelle et la Vie future; » — *la Vie domestique*, t. I, p. 352 et suiv.

Dieu pourvoit à tout ce qu'il cognoist nous estre nécessaire. » Puis luy dit : « *Priez Dieu pour moy.* »

Il mourut le soir. Estant mort, les prestres qui l'avoient exorté se mirent à genoux, ma mère et tous nous autres enfans demeurant en prière toute la nuict. Le lendemain matin que les voisins apprirent sa mort, ils furent estonnés de voir qu'on n'avoit pas ouy crier, comme c'est la coustume [1]. Mais, ce que les autres mettent à lamenter, feue nostre mère l'employoit à prier et à faire prier Dieu pour son mary [2].

1 Cette coutume de manifester par des cris sa douleur, après une mort, existe encore de nos jours dans les classes populaires du midi de la France.

2 S. François de Sales nous fait assister, dans une de ses lettres, à l'admirable résignation de sa mère, après la mort de Jeanne de Sales :

« *La volonté de Dieu soit faite !* » dit ma bonne mère. Elle pleura un espace de temps abondamment, et puis, appelant sa Nicolle (sa femme de chambre) : « *Je veux me lever, pour aller prier Dieu en la chapelle pour ma pauvre fille.* » Et tout soudain fit ce qu'elle avoit dit. Pas un seul mot d'impatience, pas un seul clin d'œil d'inquiétude, mille bénédictions à Dieu et mille résignations en son vouloir. Jamais je ne vis une douleur plus tranquille : tant de larmes que merveille; mais tout cela par de simples attendrissemens de cœur, sans aucune sorte de fierté. C'estoit pourtant son cher enfant. Eh bien! cette mère ne la dois-je pas bien aymer? » — Lettre à Mme de Chantal, du 2 novembre 1607.

Il fut enterré à l'église des Pères Dominicains, en Arles, fort regretté des riches et des pauvres. Aussi mourut-il en homme de bien, et avant son trespas fit tout ce qu'un homme de bien et bon chrestien doit faire, prit le Sainct-Sacrement et l'Extrême-Onction. Il fit son testament[1], manda querir messieurs les consuls et leur demanda pardon en ces termes : « *Messieurs, j'ay esté un fort long temps aux gages de la ville*[2]. *Je vous demande pardon de tous les manquemens que j'ay faicts en la servant, et vous prie d'abondant et requiers une faveur : c'est de prendre mon fils Charles, qui est passé docteur, aux gages de la ville, non pas à l'égal de moy, vu qu'il n'est pas capable pour encore; il se contentera de moins. Vous me donniez* 120 *escus, c'est assez de la moitié qui sera* 60 *escus.* » Ce qui luy fut accordé et mis à effect.

[1] Louis du Laurens, se trouvant malade, avait fait déjà son testament en 1569 (not. Nicolay, f° 18). Il le refit dans sa dernière maladie, le 16 décembre 1574, mais sans le modifier d'une manière sensible. Nous en publions le texte plus loin, dans la deuxième partie.

[2] La plupart des villes, pour fixer chez elles et s'assurer un bon médecin, lui donnaient une plus ou moins forte subvention qui les défrayait pour certains services publics confiés à leurs soins. Le médecin de la ville, à Arles, servait gratuitement les pauvres, et s'engageait à rester en temps de peste.

Il avoit quelque bien en Savoye qu'il ne voulut jamais vendre, en laissant jouir ses pauvres parens, et il avoit dix enfans! Après sa mort, ma mère le fit vendre pour nous entretenir. Quand ce bon homme s'en alloit mourir, il eut souvenance de Conchet, et l'ayant faict venir luy dit: «*Allez-vous-en à Lambesc*[1], *où j'ay des amis, et là pratiquez vostre vacation en homme de bien; et puis, après le temps des villages, vous irez aux bonnes villes.* » Ce que Conchet fit si heureusement qu'il est mort premier médecin d'Avignon, ayant toujours respecté et honoré ma mère comme s'il eust été son propre enfant.

Ma mère se trouva doncques veufve avec dix enfans sans en avoir aucun de pourveu, sinon Charles qui estoit docteur et aux gages de la ville d'Arles, comme j'ay dit cy-dessus. Avec ce peu et quelques pratiques que Dieu luy mandoit, il s'entretenoit le mieux qu'il pouvoit, donnant néantmoins tout ce qu'il gagnoit à nostre mère pour subvenir à la famille; elle tenant compte de tout pour le satisfaire au fond. Et mon dit frère

[1] Petite ville située près d'Aix, où se tenaient avant la Révolution les sessions annuelles de l'Assemblée générale des Communautés de Provence.

prit la charge et soin qu'avoit mon feu père, envers tous ses frères : c'estoit de leur faire rendre compte, en présence de leur précepteur, avant disner et souper, de tout ce qu'ils avoient appris ce jour là, et pour que chacun d'eux dist une sentence qui luy servoit d'instruction et d'entretien tout le long du repas. Ce pauvre Charles prenoit cette peine et cela l'excitoit de plus en plus à se rendre vertueux et à fuir l'oisiveté. Il a assisté à tous tant qu'il a vescu [1].

J'ay dit que ma mère demeura veufve avec dix enfans, sans qu'il y en eust un de pourveu, fors Charles, Honoré estant encore aux estudes pour les avoir commencées trop tard. Vous me direz : « *Et Julien n'estoit-il pas chanoine?* » Il le fut vrayment; mais, M. Vincent venant en convalescence, il luy rendit son canonicat, selon que mon père lui avoit commandé. Les uns disoient bien à ma mère qu'elle n'avoit rien faict pour sa maison, d'avoir faict rendre ce canonicat, que le bonhomme estoit vieux, qu'elle devoit luy en laisser les rentes toute sa vie. Mon frère demeureroit tous-jours pourveu du bénéfice. Mais feue ma mère

1 Charles du Laurens, bien que n'étant pas l'aîné de la famille, en remplit de la sorte l'office pendant quinze ans, jusqu'en 1589, année de sa mort.

répondoit qu'elle ne vouloit point vivre en simonie[1], que Dieu l'avoit tous-jours assistée jusqu'à présent et qu'il l'assisteroit jusqu'à la fin, mettant toute sa confiance en Dieu.

Mon frère Julien ayant dit à ma mère que sa volonté estoit d'estre prestre, elle le fit estudier en théologie. Pour mon frère André, Messieurs de Mont-Majour[2] avoient promis à mon feu père une place pour luy dans leur abbaye, après sa mort. Ma mère alloit trouver souvent M. l'Abbé avec mon dit frère et moy, pour avoir la dite place. Jamais le dit Abbé n'estoit en comodité de luy parler. Ce que voyant André me dit en revenant : « *Ma sœur, je crois que Dieu ne veut pas que je sois moine, veu que ces gens-là ne veulent pas parler à ma mère. Ainsi n'en ay-je point de vo-*

[1] « C'est *simonie*, dit Fleury (*Instit. au droit ecclés.*, 3e partie, chap. XI) de vendre l'ordination des évêques, des prêtres, et la collation des offices ecclésiastiques et des revenus qui y sont attachés, c'est-à-dire des bénéfices. Ce n'est pas seulement la collation de l'ordre et du bénéfice qui doit être gratuite, mais tous les actes qui s'y rapportent : l'élection, la confirmation, la nomination, la présentation, la résignation, l'examen, la mise en possession... »

[2] De l'Ordre de Saint-Benoît. L'abbaye bénédictine de Mont-Majour, fondée au VIe siècle, non loin de la ville d'Arles sur un rocher entouré de marais, a subsisté jusqu'à la fin du XVIIIe siècle. Il en reste de belles ruines.

2*

lonté. Je désirerois estre médecin comme estoit nostre feu père, si telle estoit la volonté de nostre mère. » Je le dis à ma mère, qui l'appella et luy dit : « *André, ta sœur dit que tu as volonté d'estre médecin.* » Il devint rouge de crainte, n'osant dire librement son intention et craignant de l'offenser. Alors je dis : « *Vous me l'avez dit, je ne suis point mensongère.* » Ma mère répliqua : « *Dis librement, car ta sœur n'est point mensongère. Elle et toi sçavez bien que je chastie ceux qui uzent de mensonge.* » Ce qui est véritable ; car, pour ce subject ou pour avoir dit une mauvaise parole à la servante, nous estions dès aussitost chastiés sans rémission. La bonne femme disoit que tous nos manquemens ne proviennent que de mauvaise coustume, et partant qu'il faut chastier la jeunesse pour son profit et pour l'honneur des parens.

Mon frère dit alors : « *Ma mère, ce que ma sœur a dit est véritable, si c'est vostre volonté.* » Ma mère luy respondit : « *Va à la garde de Dieu, qu'il te fasse la grâce d'estre autant homme de bien comme a esté ton père.* » Et dès lors, mon dit frère André estudia en médecine et y profita merveilleusement.

Pour mon frère Honoré, estant revenu de Turin où il avoit achevé ses estudes, ma mère le fit passer docteur à Aix [1]. Vous me direz : Comment est-ce qu'elle pouvoit faire estudier et passer docteurs ses enfans, nostre père ayant laissé si peu de rentes ? Je responds qu'il avoit acquis et laissé quelques pièces (de terre) dont ma mère se secouroit. Car, quand elle vouloït faire passer docteur quelqu'un de ses enfans, ou le faire estudier, elle vendoit l'une de ces pièces, en mettoit l'argent dans une bourse, et de cela les faisoit apprendre ou graduer, sans rien emprunter.

Et après que le dit Honoré fut passé docteur, quant et quant il eut de pratiques. Un jour luy arriva une cause qu'il plaida et gagna sans avoir parlé à sa partie ni veu les papiers. Seulement, le procureur luy avoit dit le subject, et sur le discours de l'adverse partie il respondit si pertinemment qu'il emporta gain de cause ; ce qui le fit admirer de tous, veu mesme que le procureur y répugnoit, sçachant qu'il n'estoit point préparé. Or, la fréquentation qu'il avoit avec les uns et avec les autres, à s'entretenir aux bonnes grâces d'un chascun, le rendit un peu desbauché ; ce dont ma mère estoit fort attristée. Alors, M. de Biord, fils du Lieutenant d'Arles, alla passer docteur à Aix, et par le passé on faisoit trois ou

1 En 1575.

quatre parrains [1]. Il voulut que mon frère en fust l'un, ce qu'Honoré accepta volontiers, et en sa présentation il fit merveille. Ce qu'oyant M. d'Ulme, pour lors advocat du Roy au Parlement [2], dit par admiration à un conseiller nommé Margalet : « *Si M. du Laurens vit l'âge d'un homme, il sera l'un des rares hommes de son temps.* » Et alors le conseiller : « *Vous devriez luy donner vostre fille.* » Auquel le sieur d'Ulme respondit : « *Pleust à Dieu que cela fust!* » Dès lors, le dit conseiller parla de mariage, et on le fit sçavoir à ma mère, laquelle n'y vouloit entendre, disant que marier ainsy un jeune homme desnué de moyens et desbauché, ce seroit rendre une maison plus que misérable. Mon frère Charles fit tant que le mariage se fit, et mon frère Honoré depuis se tint à Aix, où il advocassa et se rendit de plus en plus capable en sa vacation, fort posé et arresté, quittant toutes ses desbauches. Quel-

1 La chevalerie avait eu ses parrains d'armes; l'Université avait également les siens, pour assister les candidats venant subir les épreuves de la *chevalerie ès lois* ou du doctorat.

2 François d'Ulme, successeur de Montravail, avait été reçu avocat général le 31 mars 1559. César Nostradamus dit de lui qu'il fut un des grands magistrats de son siècle, et « qu'il exerça sa charge dans une immuable gravité et intégrité ».

que temps après, il succéda à son beau-père dans la charge d'advocat général du Roy qu'il a exercée plus de dix-huit ans, avant que d'estre archevesque d'Embrun.

Pour mes frères Julien et André, après avoir bien estudié, feue ma mère les fit passer docteurs, Julien en théologie et André en médecine, le mesme an et jour en Avignon. Julien vint demeurer à Arles, où il preschoit; André s'arresta en Avignon, où il lisoit le matin aux chirurgiens et l'après-disné aux appoticaires. Cela l'exerçoit à sa vacation et luy faisoit donner des pratiques pour s'entretenir. En voilà quatre docteurs.

Quant à mon frère Antoine, il n'oublioit rien de son côté pour requérir le degré ès droicts. Ma mère l'envoya à Bourges estudier sous M. Cujas, personage de grande réputation, et elle n'espargna rien selon sa puissance. Quand il eut faict son cours, elle l'envoya à Aix passer docteur ainsy que les autres, et là il exerça l'estat d'advocat, ayant des pratiques pour s'entretenir. Mes frères avoient ce don que dès aussitost qu'ils estoient docteurs, ils estoient employés; ils se peinoient fort, aussy nul bien sans peine, et par ce moyen ils vivoient honorablement en leur profession.

Et, pour venir à mon frère Julien, un chanoine de Sainct-Trophime fut saisi d'un catarre; mon frère Charles fut appellé et le jugea mortel. Ma mère sçachant cet accident alla trouver messieurs les chanoines, et les pria l'un après l'autre, en cas de mort sans résignation, de vouloir gratifier mon frère qui avoit eu l'honneur d'estre de leur compagnie, qu'elle avoit fait passer docteur du depuis et qui preschoit actuellement, uzant d'autres complimens pour les induire à sa volonté. Tous luy promirent leur voix, au desceu l'un de l'autre. Le dit chanoine estant mort et le Chapitre assemblé, ma mère les somma de (tenir) leur promesse, ils l'accomplirent à pache[1] que mon frère exerceroit la théologale, avec cet avantage qu'elle luy seroit perpétuelle, auparavant n'estant que triennale. Il se comporta honorablement en cette charge quelques années, jusqu'à ce qu'un poste estant devenu vacant à Tarascon, lieu de sa naissance, il se rendit à l'hospital pour assister les malades à la confession et baptiser les enfans. Mais il y mourut[2]. Au reste, il avoit mené une vie saincte; car,

1 Mot provençal signifiant à condition.

2 Julien du Laurens mourut de la peste, le 11 octobre 1587, à l'hôpital des pestiférés de Tarascon. Ses funérailles furent célébrées avec solennité, le 15 du même mois, à Arles, dans l'église de Saint-Trophime, à cause de sa qualité de théo-

depuis qu'il fut théologal, il ne coucha jamais au lict, mais prenoit son repos sur une chaise, portoit ordinairement la haire, alloit accompagner les pauvres de l'hospital en la sépulture teste nue dehors la ville. Quand il estoit à table, il ne mangeoit que des plus viles et grossières viandes, seulement pour se sustanter. Bref, il vescut et mourut sainctement, en s'abandonnant de la sorte pour l'amour de Dieu et du prochain. Or, devant que d'aller audit hospital, il escrivit sa volonté par laquelle il donnoit son calice avec tous les attirails de la messe aux Pères Capucins, toutes les rentes de son canonicat aux pauvres. Il eut le canonicat par bonne voie, et s'il eust retenu celuy de feu mon parrain (M. Vincent), Dieu n'eust pas permis qu'il fust mort si sainctement comme il fit. « *Il n'y a que de marcher par les grands chemins des commandemens de Dieu,* disoient mes père et mère, *et Dieu nous mandera ce qui nous sera nécessaire*[1]. »

logal du Chapitre. — *Archives d'Arles*, Registre Sacristie, f° 271.

[1] Belle formule qui résume la loi du progrès pour les nations comme pour les familles. — Voir sur ce sujet *la Vie domestique*, t. II, chap. II : « La science de la vie, supérieure à toutes les sciences, enseignée par le père. »

Nous estions encore cinq jeunes (enfans) à eslever. Nostre mère en prit le mesme soin que des autres. Sur cela, la femme de mon frère Honoré vint à estre enceinte. L'on donna l'enfant qu'elle portoit en baptesme à feue ma mère. Elle alla à Aix avant l'accouchement et me mena avec elle. Pendant nostre séjour, la peste vint à Arles, ce qui fut cause que ma mère (l'enfant estant né et baptisé) s'en alla promptement pour faire sortir toute sa famille et donner ordre qu'elle fist quarantaine pour se loger en une ville saine. Elle me laissa à Aix, là où estoit venue ma tante de Riez, ville où nous arrivâmes le dernier jour de l'an 1580 [1]. Et après Pasques, ma mère m'envoya querir par mon frère Charles. J'estois fort bien avec ma dite tante, sage et honorable damoyselle; mais feue ma mère disoit que les filles ne doivent jamais estre séparées de leurs mères. Mon dit frère me mena à Tarascon, où ma mère s'estoit retirée avec toute sa famille, ayant faict, comme j'ay dit, la quarantaine, pratiquant en cela le commun dire qu'en faict de peste le meilleur remède est de sortir tost et de se retirer tard [2].

[1] On a vu au début de cette histoire que la famille de Castellan était originaire de Riez, petite ville de la haute Provence.

[2] Cette peste de 1580 fut surnommée en Provence la *grande*

Estant de retour à Arles après le mal, elle pensa à me marier, disant que, comme les filles entrent en l'âge de dix-huit ans, il faut penser à les loger, et que les père et mère doivent travailler à cela tandis qu'ils vivent, et ne les laisser à la volonté ou discrétion des autres, tant qu'ils peuvent. Doncques, elle me maria avec un fort honorable homme nommé M. Achard [1]. Je ne demeuray mariée que quatre ans, quatre mois, quatre heures, ce que je marquay plus particulièrement [2]. Il me laissa un fils, qui ne vescut que dix-sept ans, mais qui pour son âge estoit rare,

peste. Elle dura sept ans, ne disparaissant sur un point que pour éclater sur un autre. Elle fit 30,000 victimes à Marseille et 8,500 à Aix.

1 Le contrat de mariage de Jeanne porte la date du 25 février 1582. Sa famille donna, dans cette circonstance, une nouvelle preuve de l'esprit vraiment admirable qui reliait entre eux tous ses membres.

Jeanne se constitua en dot les 600 écus que son père lui avait légués. Sa mère lui fit donation de 100 écus, et ses frères Honoré, Charles, Julien, André et Antoine, se réunirent pour accroître son avoir de 300 autres écus.

Le récolement et la reconnaissance de ses coffres, habits, chaînes et joyaux, furent faits le 12 mai suivant.

2 François Achard avait été trésorier de la ville d'Arles en 1581, et il le fut encore en 1583. Il fut tué, le 28 juin 1586, par une troupe de protestants qui vinrent jusqu'aux portes de la Cavalerie. — *Archives d'Arles,* Registre Sacristie A, f° 240.

ayant dignement passé toutes ses classes, faict son cours de philosophie, et prest à passer docteur en loix. Vous me direz que je vante bien ma généalogie : je l'avoue, mais aussy je ne mets rien qui ne soit véritable et dont plusieurs peuvent encore se ressouvenir, sur les effects de la bonne nourriture et instruction qu'a eue toute nostre famille, joincte à la grâce du bon Dieu. Aussy la fin couronne l'œuvre. Mon dit fils naquit un jour remarquable, l'an 1582 et le neufvième décembre, auquel on osta du calendrier les dix jours par la réformation Grégorienne, tellement qu'au lieu de neuf on compta dix-neuf[1].

Quand je fus veufve et que j'eus passé l'an vidual[2] auprès de ma belle-mère, ma mère me retira à sa maison, disant qu'une jeune veufve a autant besoin d'estre tenue de près qu'une fille et

[1] Les souvenirs de Jeanne du Laurens ne la trompent pas. Pierre de l'Estoile écrivait à cette date dans le *Registre-Journal* de Henri III : « En ce mois de décembre 1582, fut confirmée par édit, ordonnance et déclaration du Roy, la réformation du kalandrier faite par le Pape pour le retranchement de 10 jours, tellement que le 10 décembre on compta 20. »

On sait que le pape Grégoire XIII retrancha dix jours de l'année, pour remédier aux erreurs du calendrier de Jules César.

[2] La première année de veuvage.

que j'obéirois mieux à elle qu'à une belle-mère. Puis elle me remaria fort honorablement avec M. Gleyze [1].

Pour mon frère le capucin, il entra en religion l'an que je me mariay avec mon premier mari. Cela pensa couster la vie à ma mère; car elle disoit que, pour eslire une vie si austère et perpétuelle, il y falloit bien penser pour ne s'en repentir jamais. Il y entra à la bonne heure, car il y a vescu aussy honorablement que jamais capucin ait faict, ayant persévéré l'espace de trente-six ans. Il a esté trois fois provincial et il est mort en la dite charge. Il a presché par toutes les bonnes villes de France; il se noya par une tourmente de mer le 2 aoust 1617, entre les Martigues [2] et Marseille, fut trouvé le 17 dudit mois presque au mesme endroit sans estre gatté ny corrompu, et (de là) porté à Marseille, où il fut enterré et fort regretté. Presque toute la ville assista à ses funérailles [3].

[1] François Gleyze fut quatrième consul d'Arles en 1601.

[2] Petite ville, située à l'entrée de l'étang de Berre, qui avait été érigée en principauté par Henri IV en faveur de Marie de Luxembourg, duchesse de Mercœur.

[3] Jean du Laurens, en religion le Père Jérôme, fut une des gloires de son Ordre. — Voir, sur sa vie d'apôtre et sur le tragique événement de sa mort, notre troisième appendice.

Après nous estre retirées à Arles, arriva qu'il y eut une chaire vacante de médecine à Montpellier. L'on en donna avis à ma mère, laquelle aussitost fit venir mon frère André qui pratiquoit en Avignon et l'incita à l'aller disputer, luy proposant l'exemple de feu M. de Castellan nostre oncle, qui avoit faict de mesme et par ce moyen s'estoit advancé vingt ans auparavant. Mon frère ne rejeta point ce conseil; ains, protestant de vouloir obéir en tout et pour tout à nostre mère, prit le chemin de Montpellier, où, s'estant présenté à la dispute, nonobstant sa capacité, fut bien tracassé de beaucoup de médecins. Mais à la fin il vint à bout et emporta la chaire avec prou de peine, à son grand honneur. Or, tost après, il eut grand procès avec quelques uns de ces médecins, tellement qu'il fallut aller à Thoulouze et y débattre son droict. Il requit qu'il luy fust permis de plaider sa cause, ce qui luy fut accordé, et fit si bien qu'il la gagna, d'où il fut encore en plus grande estime qu'auparavant.

Là, se trouvoient beaucoup d'honestes gens et bien qualifiés, entre autres Mme de Crussol, duchesse d'Uzès, qui du depuis le prit pour son médecin. Ayant eu gain de cause, mon dit frère s'en revint à Montpellier exercer sa charge, et

Richard mon autre frère fut envoyé au dit Montpellier pour y estudier en médecine.

Quelque temps après que mon frère André eust résidé à Montpellier en y exerçant honorablement sa charge, Mme la duchesse d'Uzès tomba malade, et se ressouvenant de l'action[1] qu'elle luy avoit veu faire à Thoulouze, dont j'ay parlé cy-dessus, elle l'envoya querir pour l'assister. Mon frère y alla, et, avec l'ayde de Dieu et la grande peine qu'il y prit, elle se trouva mieux; et elle luy dit : « *Monsieur du Laurens, je veux faire un voyage à la Cour et veux que vous m'y accompagniez. Allez donner ordre à vostre chaire.* » Mon frère, bien ayse de faire un si honorable voyage sans qu'il luy en coustât rien, accepta l'offre et alla pourvoir à sa chaire qu'il remit à M. Ranchin, lequel, se sentant assez honoré de cette faveur, la voulut servir gratis. Aussitost mon frère revint vers Mme la Duchesse, et ils s'en allèrent ensemble à la Cour.

Or, estant de séjour, elle alloit souvent visiter le roy Henry IV, et menoit tous-jours mon frère avec elle. Un jour le Roy dit à Mme d'Uzès : « *Qui est ce jeune homme?* » Elle luy respondit : « *C'est un médecin, nepveu de M. de Castellan qui avoit*

[1] Action oratoire.

esté premier médecin du feu roy Charles IX, et professeur à Montpellier où il exerce la mesme charge. C'est un bel esprit, je luy vis faire à Thoulouze une action qui me ravit en admiration. » Et elle conta tout par le menu, au grand estonnement du Roy, puis adjousta : « *J'estois malade il n'y a pas longtemps, le manday querir; il vint, sans luy j'estois morte, il m'a guérie bravement.* » Le Roy, ayant entendu tout ce discours, le regarda de bon œil et du depuis le vit tous-jours de bon œil, outre qu'il estoit bel homme et fort agréable. Peu après le Roy fut malade, la duchesse voulut que mon frère le visitast et qu'il fust d'une consulte qu'on fit là-dessus. Tous les autres médecins furent d'une seule opinion, et mon frère fut seul en la sienne. Nonobstant ce, la dite dame insista tous-jours pour que l'opinion de son médecin fust suivie : ce qui fut faict, et le Roy s'en trouva bien. Alors elle luy dit familièrement : « *Je vous donne mon médecin, s'entend après que je seray morte et non devant. Car c'est un des rares hommes de ce temps en sa profession.* » Elle ne vescut pas longtemps après, et le Roy le prit pour son médecin ordinaire[1]; puis,

[1] C'est en 1598 qu'André du Laurens aurait quitté Montpellier pour se rendre à la Cour, est-il dit dans une biogra-

par succession de temps, il se trouva le premier et le fut tant qu'il vescut[1], ayant esté bien récompensé comme vous verrez cy-après. Pour la chaire de Montpellier, M. Ranchin la tint tousjours gratis, le Roy l'ayant augmentée de cent escus outre les cent qu'il en tiroit ordinairement, de sorte qu'elle luy valoit tous les ans deux cens escus. Ma mère tira continuellement ces deux cens escus, tant qu'elle vescut, pour se subvenir en sa vieillesse; car, ayant faict endoctriner tant d'enfans, il ne luy estoit guère resté de moyens.

phie qu'a publiée sur lui l'*Encyclopédie des sciences médicales* (Paris, 1840). Il aurait été d'abord médecin de la reine Marie de Médicis, et c'est en 1606 qu'il aurait succédé, comme premier médecin du Roi, à Pierre Marescot. S'il faut en croire Pierre de l'Estoile, cette charge de premier médecin du Roi n'était pas une sinécure, et elle aurait créé pour le titulaire une dure sujétion. Pierre de l'Estoile va jusqu'à dire que « les jours de M. du Laurens en furent avancés, par la veille qu'il luy faloit souffrir près le Roy, lequel, quand il ne pouvoit reposer, envoioit querir le dit du Laurens pour luy venir lire, et le faisoit souvent relever en plein minuit. » (*Registre-Journal de Henri IV.*)

André du Laurens épousa à Paris Anne de Sanguin de Livri, fille d'un conseiller au Parlement de Paris. Il en eut un fils qui ne laissa pas de postérité, et deux filles dont une fut mariée, le 12 mars 1627, à François de Culant, écuyer, seigneur de Monceaux. Il mourut le 6 août 1609, à l'âge de cinquante et un ans. — Voir sur lui notre deuxième appendice.

Mais Dieu pourveut à ses besoins et à ses vieux ans.

Au mesme temps que mon frère André alla à la Cour, mon frère Richard se retira à Beaucaire, où il lisoit aux chirurgiens et appoticaires, entre lesquels se trouva un chirurgien de Lion qui luy persuada d'aller en cette dernière ville, luy offrant sa maison avec promesse de le faire mettre en pratique et de le faire lire avec plus d'honneur. Il y alla doncques et y demeura jusqu'à ce que mon frère Mgr d'Arles vint prendre possession de son archevesché (époque du retour de Richard à Arles), ville où il est mort et enterré comme est escrit cy-dessus.

Tous mes frères estoient logés. Mon frère Charles estoit marié avec une damoyselle de Tarascon, de la maison de Raousset, dont il eut trois enfans qui moururent jeunes et la femme aussy. Pour les trois enfans, ma mère les gouverna durant sa vie[1].

[1] Charles du Laurens, dont il est parlé ici, est le même qui, faisant ses études de médecine à Paris, se contentait de boire de l'eau pour épargner les ressources très modestes de ses parents. « Il se gasta l'estomac, » nous a dit sa sœur, et il mourut prématurément en 1589, laissant trois enfants que leur grand'mère prit encore à sa charge, en même temps

Il y avoit encore mon frère Gaspard, le plus jeune de tous, que ma mère envoya à Orléans pour l'y faire estudier en loix. M. d'Ulme, advocat du Roy à Aix, alla à Paris député par le Parlement de Provence. Il y mourut et résigna son office à mon frère Honoré, son beau-fils [1], qui l'exerça en homme de bien l'espace de dix-huict ans, après lesquels il vint à estre veuf et ne voulut jamais se remarier, vivant comme un religieux. Mon frère Antoine estoit auprès de luy, et le voyant estre advocat du Roy le pria de luy faire avoir quelque sollicitation pour aller à Paris : ce qu'il fit à la première occasion. Ayant receu cette charge, Antoine s'y comporta si bien que de solliciteur il devint advocat postulant, et luy-mesme plaidant sa cause la gagna, ce qui l'encouragea de telle sorte que du depuis il est habitant de Paris où il a très bien faict ses affaires. Il a trois fils et sept filles, vivant sans reproche et en vray homme de bien.

Or, pour revenir à Gaspard, estant venu d'Orléans, il alla passer docteur à Aix capablement;

qu'elle travaillait avec un dévouement sans bornes à établir les siens non encore docteurs.

[1] Honoré du Laurens fut pourvu de la charge d'avocat général au Parlement de Provence, par lettres patentes du 28 juillet 1581, et reçu le 27 octobre suivant.

mais il ne voulut exercer la vacation d'advocat, estant porté à la dévotion. Ma mère s'en faschoit, luy promettant son assistance tant qu'elle vivroit. Néanmoins il voulut suivre son inspiration, il se fit prestre, dit sa première messe à Sainct-Martin et y prescha. Ma mère y assista, ma sœur et moy.

Mon autre sœur, veufve de M. de Mandon, fut mariée en seconde noce avec M. de Barrême, juge de Tarascon [1]. Quand elle mourut, elle laissa neuf enfans, trois du premier mary et six du dernier. Du premier mary, il y en a encore deux, sçavoir : un fils qui est chanoine à Sainct-Trophime et une fille mariée avec un gentilhomme nommé d'Uzane. De son second mary, elle a laissé un fils maintenant viguier à Tarascon, marié avec la fille de M. le président de Réauville, un advocat, un capucin et un qui porte les armes.

1 Le contrat du mariage d'Honorade du Laurens avec Jean de Barrême, docteur ès droicts, est aux écritures de Maurice Vincens, notaire d'Arles, à la date du 23 octobre 1596, f° 1116.

Honorade se constitua en dot 600 écus d'or, comme sa sœur. Jean de Barrême reçut de son père deux *mas* ou fermes situées au Grès du Comte, territoire de Tarascon, plus deux maisons sises à Arles.

Le mari fit à sa femme un don de survie de 300 écus d'or, et lui assura une pension annuelle de 50 écus, tant qu'elle vivrait « en vidualité et à son nom ».

Feu mon mary me laissa cinq enfans. Il en mourut un âgé de 20 ans et homme d'église. Mon aisné est capucin et prédicateur[1], le second docteur aussy et advocat plaidant[2], marié avec une sage et vertueuse damoyselle, en ayant un fils et trois filles encore petites. Le plus jeune est docteur[3], mais il n'exerce pas encore, ayant porté longtemps les armes pour le service du Roy à Montauban, en Hollande, devant la Rochelle et en plusieurs autres occasions, bien versé aux mathématiques et à la peinture; il se trouva dans Bréda assiégé par Spinola et a peinct tous ces lieux de sa propre main. J'ay aussy une fille ma-

1 Il s'appelait André, comme son oncle le médecin de Henri IV.

Les familles chrétiennes d'alors, bien différentes de la plupart de celles de nos jours, regardaient comme un titre d'honneur et comme un gage de la bénédiction de Dieu de compter un de leurs membres dans le sacerdoce. Chez les du Laurens, le spectacle est particulièrement saisissant. Quatre furent prêtres à la première génération; six le furent à la génération suivante : le fils unique d'Honoré; — un des fils d'Antoine; — deux des fils d'Honorade; — deux des fils de Jeanne.

2 Jean Gleyze, deuxième fils de Jeanne, fut docteur et avocat; il épousa Françoise de Mandon, et en eut un fils, Honoré, et trois filles, Louise, Jeanne et Françoise. Il mourut avant sa mère.

3 Henri Gleyze, troisième fils de Jeanne, fut docteur

riée avec M. de Gérard, advocat du Roy au siège d'Arles, qui a une fort belle famille et bien élevée en la vertu et crainte de Dieu [1].

Avant le décès de feue ma mère, mon frère André, médecin du roy Henri IV, avoit eu don de Sa Majesté de l'abbaye de Sénanque [2], qu'il remit à mon frère Gaspard. Ma mère en ayant receu la nouvelle m'envoya aussitost querir, pour me conjouir avec elle; car j'estois pour lors mariée et elle me tint ce propos :

« *Ma fille, que je suis redevable à Dieu! J'estois en peine pour mon fils Gaspard, et voicy que j'ay receu une lettre de mon fils le médecin du Roy, par laquelle il me marque comme le Roy l'a faict pourvoir d'une abbaye. Je mourray asseurée, très contente, voyant que mes enfans sont tous pourveus et ont de quoy passer en ce monde honorablement.* »

Elle fit une belle exortation à mon dit frère,

comme l'avaient été tous ses oncles, et avocat comme son frère; après la mort de ce dernier, il fut institué héritier par sa mère. (Testament du 26 novembre 1635, not. Escoffier à Arles, f° 824.)

1 Jeanne avait donné son nom à sa fille; le mariage de celle-ci avec Antoine de Gérard eut lieu en juin 1614.

2 De l'Ordre de Cîteaux, située derrière les montagnes de Vaucluse et fondée au milieu du XIIe siècle.

pour qu'il s'acquittast bien de sa charge et vescust en bon prestre. Quelques mois après, mon frère le médecin du Roy eut de luy-mesme un autre don plus favorable, celuy de l'abbaye de Sainct-Pierre de Vienne, pour le mesme Gaspard jà abbé de Sénanque ; et il luy en envoya le brevet. Ce qu'ayant appris ma mère me le communiqua dès aussitost comme la première fois, et recognoissant la grâce que Dieu luy avoit faicte, me dit :

« *Ma fille, vostre frère a mandé un autre brevet d'une autre abbaye. Je luy veux escrire que je ne prends pas plaisir à ces grandeurs et que c'estoit assez de la première, qu'il ne faut pas tant penser aux honneurs du monde. C'est assez d'avoir de quoy vivre. Feus mon père et ma mère estoient gens qui ne demandoient qu'à passer un jour après l'autre en gens de bien, et à vivre en la crainte de Dieu.* »

Or, quand mon frère Gaspard s'en alloit à son abbaye de Vienne, feue ma mère lui fit une belle et grave remonstrance comme il devoit s'y comporter, pour qu'il suivist de son pouvoir la vie de celuy qui avoit institué et fondé cette abbaye, adjoustant qu'il ne faut pas prendre la charge pour vivre délicieusement, mais suivant l'intention du fondateur. En 1597, il fut eslu abbé de Vienne ;

en 1598 et le dernier jour de l'an nostre mère mourut[1].

Pour lors, elle avoit les enfans de feu mon frère l'advocat du Roy qui estoit veuf et ceux de mon frère Charles jà décédé avec sa femme. Elle leur tenoit un précepteur pour les instruire, nommé Guisoni, du depuis vicaire de Mgr d'Arles mon frère. Elle le fit appeler avant son trespas et luy enchargea d'escrire une lettre, telle qu'elle la luy dicteroit, à chascun de ses enfans. C'estoient les jour et feste de Sainct-Jean l'Évangéliste, après Noël. Elle commença par l'advocat du Roy, comme son aisné.

« *C'est la dernière lettre que je vous escriray, laquelle est pour vous recommander de vivre tous-jours en l'amour et crainte de Dieu, de vous entretenir tous-jours en bonne paix et amitié avec vos frères et sœurs, et d'avoir les enfans de vostre frère Charles en singulière recommandation.* »

Les autres lettres estoient presque toutes semblables en substance, hormis quelques circon-

[1] Elle avait fait son testament le 8 septembre 1598. Nous l'avons joint à celui de son mari, dans la deuxième partie de ce volume.

stances. Elle escrivit particulièrement au capucin et à l'abbé qu'en célébrant le saint sacrifice ils se souvinssent de prier Dieu pour son âme [1], et me donna la charge de mander à chascun à part sa lettre au plus tost, ce que je fis. Et premièrement je manday à Aix à mon frère l'advocat du Roy qu'il ne fist faute de venir, et que nostre mère estoit bien mal. Il vint et dès aussitost il l'exorta,

[1] L'amitié et la paix à garder, surtout en ce qui concerne les règlements successoraux! tel est le dernier vœu des bons parents, et ils en font même une loi expresse.

Des prières! c'est aussi ce qu'ils réclament de la manière la plus pressante:

« *Je recommande à mon fils de se souvenir de sa bonne mère; qu'il considère qu'il luy a de très grandes obligations..., qu'elle estoit une femme très vertueuse et presque sans défaut, etc. Elle mérite bien qu'il se souvienne de luy procurer le soulagement des peines du purgatoire, où les âmes justes souffrent pour l'expiation des fautes dont satisfaction n'a pas été faite à la justice de Dieu pendant cette vie.*

« *Je luy remontre encore de faire attention à l'application que je me suis donnée pour le rendre homme d'honneur et de bien. Qu'il n'oublie jamais les remonstrances que je luy ai faites sur la conduite des gens de bien, et qu'il se souvienne de prier et de faire prier le Seigneur pour nos âmes. C'est le témoignage que je luy demande, après cette vie, de l'affection où le devoir et la nature l'engagent, et Dieu le récompensera pour une pareille rétribution.* » Livre de raison de Jean-Claude Laugier, bourgeois de Toulon (1635-1717.)

puis toute la nuit veilla en prières et oraison fort dévotement. Je manday aussy à Marseille à mon frère le capucin qu'il ne manquast pas de venir, et il la trouva aux abois de la mort, de sorte que mes deux frères la veillèrent, priant toute la nuict. J'escrivis encore à ma sœur qui quant et quant fut icy. Elle et moy luy rendîmes tous les devoirs et services qui furent en nostre pouvoir. J'escrivis enfin à Conchet nostre cousin à Avignon ; mais il se trouva absent. Ma mère luy avoit escrit comme à un de ses enfans, luy recommandant surtout l'amitié.

Quand nostre mère fut morte, nous la fîmes enterrer dans la sépulture de nostre père, et, quelques jours après, ayant donné ordre aux affaires, j'allay mener à Aix la fille de mon frère l'advocat du Roy. Ma sœur prit celle de mon frère Charles, et mon mary, que je devois mettre le premier, prit le fils. Je demeuray deux mois à Aix, pour avoir meilleur loisir de recommander ma nièce à ses parens et amis. Pour mon nepveu, on le mit en un collège.

Pendant mon séjour à Aix, mon frère le médecin du Roy escrivit une lettre à mon frère Honoré, le subject de laquelle estoit que l'office de premier président d'Aix estoit vaquant. Il le prioit de se disposer à le prendre, disant qu'il estoit en son pouvoir et ne luy coûteroit pas un liard. Mon frère me monstra la dite lettre. Je luy ay veu refuser ce qu'il s'estoit préjugé avoir à Paris, parlant à mon frère Charles, tout jeune qu'il estoit, comme j'ay dit cy-devant.

Durant les deux mois que je fus de séjour à Aix, mon frère le capucin prescha à Marseille un caresme, y en ayant jà presché trois. En ce temps là, la Reine d'Espagne arriva aux Isles de Marseille. Mon dit frère m'escrivit de l'aller voir. Or, estant de retour à Aix, mon frère l'advocat du Roy me dit : « *Hé! bien, ma sœur; racontez-moi toutes ces belles choses que vous avez veues.* » Je les luy racontay par le menu. Alors il me dit : « *Vous y avez pris grand plaisir? — Ouy,* » luy dis-je. Il me repartit : « *Que pensiez-vous pour lors, voyant de si belles choses? — Je me réjouissois*, respondis-je, *et ne faisois autre chose. Que vouliez-vous que je fisse?* — « *Oh!* dit-il, *il falloit, mon Dieu! penser ce que ce sera de vostre paradis. Cecy n'est qu'un néant et réjouit tant. C'est sur cela qu'il falloit méditer.* »

La bonne vie de mes frères venoit de loin et de la peine que feus nostre père et nostre mère avoient pris à nous eslever. Pour moy, je m'estime heureuse et plus qu'heureuse d'avoir eu un si sage père et une si sage mère. J'ay beaucoup veu et lu, attendu que je suis jà vieille; mais je n'ay point veu des pères et mères avoir plus faict pour leurs enfans qu'eux ont faict, n'espargnant ny leurs personnes, ny leurs moyens, pour nous faire instruire à toute vertu[1].

Quant à nous autres filles qui estions jeunes, ma mère nous menoit tous-jours devant elle, soit à l'église, soit ailleurs, prenant garde à nos actions. Que si nous regardions çà et là, comme font ordinairement les enfans, elle nous souffletoit devant tous pour nous faire plus de honte; et disoit que, quand les enfans marchoient derrière nous, on ne peut voir la contenance qu'ils tiennent, enjoignant aux maistres qui menoient mes frères de faire de mesme. Elle ne manquoit à nous

[1] André Lefèvre d'Ormesson, doyen du Conseil d'État sous Louis XIII, fait comme Jeanne, et, dans les dernières années de sa vieillesse, il lit et relit la biographie qu'il a écrite sur son père : « *J'ai relu cette vie le samedi* 28 *juillet* 1657, *ne pouvant la relire trop souvent à mon gré, pour l'affection que je luy ay portée et que j'ay dû luy porter, comme son fils qu'il a bien aymé.* »

Un des objets de la restauration du Livre de raison serait la renaissance de ce culte si beau et si bon de la piété filiale. — Voir sur ce sujet la première partie de notre *Livre de famille*, p. 85 et suiv.

apprendre toutes choses vertueuses : point de vanité, jamais elle ne nous menoit au bal, disant que nous sommes assez fragiles, sans nous produire en vanités. Quand je fus mariée, elle me faisoit tous-jours des admonitions. Elle vescut septante-cinq ans, et sur ses derniers ans, ne pouvant bien cheminer, il me falloit luy envoyer mes enfans une fois la semaine. Un jour d'esté, luy en ayant mandé trois, le plus petit âgé seulement de trois ans et demi, passant par la place où estoit son chemin, prit trois fèves et deux cerises. Les autres deux, dès aussitost qu'ils furent chez ma mère, luy dirent : « *Ma grand'mère, mon frère Nicolas* (car tel estoit son nom) *est larron, il a dérobé trois fèves et deux cerises.* » Ma mère le renvoya incontinent par une servante et dit à celle-cy : « *Dites à ma fille qu'elle le fouette devant vous.* » Quand la servante me dit cela, je me mis à rire. La servante me dit : « *Mademoyselle*[1], *il ne faut pas penser que je m'en retourne sans le voir fouetter.* » Je pris le fouet et luy en donnay, voyant que ma mère me le man-

[1] Dans l'ancien régime, on donnait le nom de *damoiselles* aux femmes mariées appartenant à la noblesse de second ordre. Plus tard cette expression qualifia toutes les femmes non nobles.

doit dire [1]. Quelques jours après, allant visiter ma mère à l'accoustumée, je le menay avec moy. Mais, comme il fut à la porte, il dit avoir mal au pied, ayant honte de se monstrer et de se présenter devant sa grand'mère. Je monte le laissant en bas et le dis à ma mère. Elle descend et, portant quelques cerises, elle luy dit : « *Je vous porte ces cerises. Vostre mère m'a dit que vous ne seriez plus larron, ce dont je vous aimeray bien.* » Cet enfant mourut âgé de quatre ans.

Sur cette action que je viens de dire, ma mère fit une belle remonstrance : de prendre bien garde à mes enfans, que j'estois obligée de ce faire, que j'en recevrois de l'honneur et mes enfans du pro-

1 Henri IV écrivait, le 14 novembre 1607, à Mme de Montglat, gouvernante des Enfants de France : « *Madame de Montglat, je me plains de vous de ce que vous ne m'avés pas mandé que vous aviez fouetté mon fils; car je veulx et vous commande de le fouetter toutes les fois qu'il fera l'opiniastre ou quelque chose de mal, saichant bien par moy-mesme qu'il n'y a rien au monde qui lui face plus de profil que cela; ce que je recognois par expérience m'avoir profité. Car, estant de son age, j'ay esté fort fouetté. C'est pourquoy je veulx que vous le faciés et que vous luy faciés entendre. A Dieu, Madame de Monglat; ce* xiiij *novembre, à Fontainebleau.* » Lettres missives de Henri IV publiées par M. Berger de Xivrey, t. VII; *Collection des Documents inédits de l'histoire de France.*

fit; car l'honneur des pères et mères est que leurs enfans soient bien sages et vertueux. N'estant bien instruits ny chastiés, ils viennent en liberté de conscience et ne peuvent faire que mauvaise fin [1]. Elle me dit encore : « *Ma fille, je vous recommande vos enfans, faites leur apprendre une vacation; ayant cela et la crainte de Dieu, ils ont*

[1] Vers le même temps, le Père Caussin caractérisait, en des termes dignes d'être reproduits, les mœurs dont il était témoin dans les hautes classes sociales, livrées à l'orgueil de la richesse; elles contrastent avec celles de la famille du Laurens.

« Le cœur me saigne quand je considère comme on nourrit aujourd'hui plusieurs enfants de qualité, qu'on étouffe avec des indulgences serviles sous ombre de les caresser. Dieu les donne comme des créatures avec lesquelles il prétend soutenir le monde, gouverner les républiques, peupler le ciel et orner même la conversation des anges. Mais à voir comme on les traite, il semble que ce soient des pièces de chair qu'il ne faille que lécher comme des ours pour leur donner leur perfection. On les charge de graisse et de cuisine, on les entretient dans l'assouvissement de tous les désirs de leur cœur, on les sert comme de petits rois, ils n'ont pas encore quelquefois l'âge de cinq ans et ils exercent déjà une absolue monarchie dans la maison de leur père.

« Jésus-Christ a banni l'idolâtrie du monde, avec tant de sueur et tant de sang, et on la renouvelle tous les jours, lorsqu'on fait des enfants de certaines petites idoles à qui on sacrifie tous les cœurs, tous les soucis, les espérances, les craintes et les hommages. » *La Cour sainte*, 1647.

assez. Qu'est-ce qui manque à vos frères? Quand je fus veufve avec tant d'enfans, je n'avois après Dieu que mes voisins et amis; car de parens, je n'en avois point icy, vostre feu père estant de Savoye, et moy de la haute Provence. Mes amis doncques, voyant que j'estois chargée de tant d'enfans, me disoient: « De deux filles que vous avez, faites-en une religieuse, vous logerez mieux l'autre; de vos fils, mettez-en un à chaque couvent de la ville, et les autres seront mieux à leur aize, et fairez une bonne maison. » Ma fille, j'entendois tout cela qui estoit pour espargner le bien et mettre en repos mon corps. Mais, après avoir tout ouy, je me recommanday fort à Dieu et le priay de m'inspirer de bien gouverner mes enfans, estant sortis d'un si bon et si sage père. Que je fus heureuse et plus qu'heureuse d'avoir eu tant d'enfans de luy! Il estoit venu de rien, et, espérant que mes enfans estant bien instruits suivroient les traces de leur père, je me résolus de faire tout mon pouvoir à les bien gouverner et de n'en point faire de religieux, s'il ne venoit de leur mouvement; ains les élever le mieux qu'il me seroit possible, et puis, quand ils seroient grands, s'ils n'avoient assez de se faire religieux, qu'ils se fissent hermites. J'en serois contente. »

Elle a si bien faict, loué soit Dieu! que devant que de mourir elle les a veus tous logés honorablement, comme j'ay escrit cy-dessus.

Après sa mort, en l'année 1600, mon frère le médecin du Roy eut en don de Sa Majesté l'archevesché d'Embrun qu'il manda présenter à mon frère le capucin; mais celuy-cy le refusa disant, qu'il avoit faict vœu de pauvreté, et partant qu'il vouloit mourir pauvre. Puis il l'envoya présenter à mon frère Honoré, l'advocat du Roy, qui, pour lors, estoit veuf et vivoit en religieux; mais celuy-cy s'en excusa aussy, disant qu'il estoit indigne de cette charge et qu'il avoit assez à faire à gouverner son âme, sans conduire celle des autres.

Alors mon dit frère escrivit à mon mari d'aller à Aix le prier d'accepter la dite charge: ce qu'il fit à son instance, non sans beaucoup de peine et de difficulté. L'ayant acceptée, il tascha de s'en acquitter au plus près de son devoir, menant une vie apostolique et fort exemplaire. Il alloit tousjours à pied en ses visites, il preschoit ordinairement, et estant en un lieu d'hérétiques il en convertit beaucoup, estant bien versé aux controverses. Il vescut douze ans archevesque, mourut pauvre en 1612, donnant tout aux indigens. Il avoit un fils nommé Jean-Baptiste qui mourut abbé de Sénanqne, et encore une fille nommée Loyse, mariée à Manosque avec M. Hubert de Lincel, seigneur de Sainct-Martin, l'an 1599.

En l'année 1603, M. l'archevesque d'Arles, nommé Horace Montanus, estant décédé de mort soudaine, mon mari en donna l'advis à mon dit frère le médecin qui estoit à Paris auprès du Roy. Il demanda cet archevesché pour mon frère Gaspard, abbé de Sainct-Pierre-de-Vienne, et l'obtint de Sa Majesté : tellement que deux de mes frères se trouvèrent archevesques en même temps, l'un en Dauphiné et l'autre en Provence. Je les ay veus tous deux prescher à Arles dans l'église de Sainct-Trophime, la mitre en teste. J'ay veu prescher en la mesme chaire mes deux autres frères, le théologal et le capucin, par plusieurs et diverses fois.

Mon frère Gaspard estant archevesque donna l'une de ses abbayes au fils de feu Mgr d'Embrun nostre frère, comme j'ay dit, et il donna celle de Sainct-Pierre à un autre nepveu, fils de mon frère Antoine, l'advocat de Paris. J'ay veu ce nepveu prescher en cette ville d'Arles, dans Sainct-Trophime ; il est aumônier du Roy, conseiller clerc et docteur en Sorbonne.

Mon dit frère l'archevesque d'Arles mourut à

Salon[1] le 12 juillet 1630, fut porté et enterré à Arles. Il a esté archevesque vingt-six ans, dix mois, a tous-jours bien vescu et fait belle mort, regretté de tous généralement. Il est mort pauvre, employant tous ses revenus ou à la substantation des pauvres, ou aux églises. Il fit son testament[2] et institua pour ses héritiers deux de nos neveux, le fils de feu mon frère le médecin du Roy et l'autre qui est abbé de Sainct-Pierre, tous les deux aisnés de leurs maisons. Il fit de belles réparations aux églises, et particulièrement à Sainct-Trophime une belle et grande chapelle où il est enseveli[3]. Il y a fondé les litanies de Nostre-Dame

[1] Petite ville située à 24 kilomètres d'Aix, et dont les archevêques d'Arles avaient le domaine temporel.

Il y a lieu de noter ici que Gaspard du Laurens, comme ses autres frères, joignit à une grande sainteté des mérites de tout genre. Une œuvre importante d'intérêt public lui valut la reconnaissance des populations. Ce fut lui qui fit ouvrir dans les plaines caillouteuses de la Crau, jusqu'alors impraticables, le chemin de Saint-Martin à Salon, sur une longueur de quatre lieues. La nouvelle route fut appelée dans une inscription latine *Via Laurentia*.

Ajoutons que Gaspard du Laurens prit part aux délibérations des États généraux en 1606, et à celles de l'Assemblée des notables tenue à Rouen en 1617.

[2] Son testament est à la date du 11 juillet 1630 (notaire Verd, à Salon).

[3] On voit encore dans cette chapelle, dite *des Rois :* 1° un

à dire douze fois l'année, avec le psaume du Roy, le tout chanté en musique avec les orgues. Il a fondé encore au mesme lieu une petite messe à dire tous les jours, et aussi un *obit* perpétuel le jour (anniversaire) de son décès. Ses héritiers ont payé ce qu'il avoit laissé pour ce faire, et ont donné charge à mon fils l'aisné de prendre garde que sa volonté fust effectuée de luy aux siens. Il fit faire une tombe pour les pauvres prestres dans la chapelle. Durant sa vie, toutes les bonnes festes, il preschoit et confirmoit, outre les autres prédications qu'il faisoit en ses visites aux confréries de Pénitens, jusqu'à faire la doctrine chrestienne pour mieux l'authorizer. Il avoit dressé une confrérie pour la conférence de tous les cas de conscience, et tous les jeudis il y avoit assemblée à l'archevesché, luy estant toujours le premier en teste; et il falloit que tous les

beau retable, où le célèbre peintre Finsonius l'a représenté en roi mage offrant l'or à Jésus enfant, et au dessus duquel sont ses armes qui sont *d'or, en laurier de sinople, au chef d'azur chargé de trois étoiles d'or;* — 2° son tombeau fait par Jean de Dieu, habile sculpteur d'Arles, et qui a été mutilé pendant la Terreur, en 1793.

Les archives d'Arles possèdent une gravure en cuivre du portrait de Gaspard du Laurens, que le chanoine Saxi avait fait faire pour en orner le frontispice de son *Pontificium Arelatense.*

curés et ceux ayant charge d'âmes se trouvassent là [1]. M. le théologal, les vicaires, les religieux les plus doctes pour en donner les résolutions, y assistoient encore.

De trois en trois ans, il visitoit tout son diocèse, y faisant faire tout ce qui estoit de besoin et luy fournissant le premier. Tous les quatre-temps il ne failloit à donner les Ordres. Le jour avant son décez, il prit le Sainct-Sacrement; dès aussitost qu'il entendit la cloche, il se fit porter hors du lit, mettant les genoux en terre; et adorant le Seigneur le receut avec grande humilité, faisant de belles et grandes exortations à tous les assistans. Le lendemain, il prit l'Extresme-Onction avec belle cognoissance et grande dévotion.

Estant mort, on le porta à l'église paroissiale de Salon. Les pauvres gens, sans que l'on s'en prist garde, luy arrachoient les cheveux de la teste et tout le poil de la barbe, s'estimant heureux d'avoir trois ou quatre poils placés dans du papier comme des reliques. Il fut embaumé, puis emporté à Arles dans son carosse couvert de noir. Les Pères Capucins luy allèrent au devant et l'ensevelirent dans leur couvent, en la chapelle

[1] Il établit à Arles les Minimes en 1615, les Oratoriens en 1619, et aussi les Ursulines pour l'instruction des filles.

Sainct-Félix[1] que feu mon frère Richard avoit faict faire, lequel estoit mort un an auparavant en juin 1629[2].

Voilà sommairement tout le discours de la naissance, vie et mort de feus mes père et mère, de mes frères, de ma sœur... De tous, il ne reste en vie que mon frère Antoine, advocat au Conseil privé dans Paris, lequel au 15 janvier 1631 a eu septante-un ans et a dix enfans, trois fils et sept filles, tous bien instruits, dont il n'y a que l'aisné de pourveu et qui est abbé, comme j'ay escrit cy dessus, et quelques filles religieuses. — De feu

[1] Jeanne veut dire qu'il reçut une sépulture provisoire dans le couvent des Capucins d'Arles, en attendant l'achèvement du tombeau de la chapelle de Saint-Trophime.

[2] Richard du Laurens, « Conseiller du Roy et son médecin ordinaire, » était mort le 22 juin 1629, à Arles, chez son frère l'archevêque, près duquel il s'était fixé dans les dernières années de sa vie.

Il avait fait son testament le 2 novembre 1627 (notaire Escoffier, f° 930). Il y avait institué Gaspard pour héritier. Lui aussi donna une preuve éclatante de sa foi et de son humilité chrétienne. Il voulut « estre accompagné de nuit en sépulture par ses confrères de la dévote Compagnie des Pénitents blancs, fondée au couvent des PP. Augustins sous le titre du précieux et auguste Nom de Jésus », d'autant mieux, ajoutait-il, « qu'il estoit enrôlé pour confrère à celle des Pénitents blancs de la ville de Lyon. »

mon frère l'archevesque d'Embrun, il n'y a que sa fille mariée à M. de Sainct-Martin. — De feu mon frère le médecin du Roy, il y a un fils fort sage qui est maintenant au service du Roy, et deux sœurs, l'une mariée avec M. de Monceaux de Paris. La mère veufve est fort sage, fort vertueuse, de la maison honorable de Sanguin, dont il y a un évesque de Senlis, un premier maistre d'hostel du Roy et d'autres en grand honneur.

Mon fils Honoré estoit à Salon, quand mon frère l'archevesque s'en alloit mourir; il courut la poste jusqu'en Piémont, pour le sieur de Senlis, le frère duquel, comme j'ay dit, est maistre d'hostel du Roy. Mon neveu de Ferrières se trouva en chemin avec mon fils, lorsqu'il alloit servir son quartier. Ils portèrent la nouvelle au Roy, auquel le dit sieur Sanguin demanda le dit archevesché. Le Roy dit : « *Il faut y penser.* » Mgr l'évesque de Bazas de la très noble et illustre maison de Barrault en Gascogne, personage de grande piété, vertu et doctrine [1], et qui a faict de très beaux livres pour le soutien de la foy catholique

[1] Le manuscrit ajoute entre deux parenthèses : « Le père duquel estoit ambassadeur en Espagne pour le Roy, comme M. le comte de Barrault son frère l'est aujourd'hui. »

contre les erreurs calvinistes, a eu ledit archevesché. Dieu nous le conserve !

Descrire au long toutes les particularités de la vie et déportemens[1] de feus mes père et mère, de tous mes frères et sœurs, seroit trop long et ennuyeux. Mais j'ay escrit ce discours le plus briefvement qu'il m'a esté possible, afin que mes enfans et ceux qui despendent de moy voyent comme mes devanciers ont vescu, et qu'en bien vivant Dieu assiste tous-jours les parens. Les moyens, la noblesse n'ont pas eslevé nostre famille, mais ç'a esté la vertu joincte à la grâce divine.

Donc, j'exorte tous ceux qui m'appartiennent de bien vivre en l'amour et crainte de Dieu, et en toute bonne vertu. Moyennant ce, nous avons assez, comme vous voyez par ce discours. Je m'estime plus qu'heureuse d'estre sortie de cette race et je suis plus contente de ce bonheur que si j'avois mil escus de rente. Aussi je désire et prie Dieu de bon cœur que tous ceux qui despendent de moy vivent si contens que moy en cet endroit. Quand je parle avec quelques sortes de gens et leur raconte ce discours cy escrit, ils me disent: « *C'estoit un temps bien autre et meilleur que*

[1] Terme qui se prenait alors en bonne part.

le présent. » Mais je responds : « *Tous temps sont bons pour vivre bien et vertueusement. Dieu est aussy puissant que pour lors, moyennant que nous taschions de nous rendre dignes de sés grâces et que nous ne soyons pas ingrats. La fin couronne l'œuvre, comme vous avez veu.* » Dieu soit loué ! lequel je supplie nous faire à tous miséricorde. *Amen.*

Fait ce 1er juillet 1631.

Jeanne de Laurens

DEUXIÈME PARTIE

LES TESTAMENTS DES PARENTS

DEUXIÈME PARTIE

LES TESTAMENTS DES PARENTS

Le manuscrit qu'on vient de lire s'arrête à la date du 1er juillet 1631. Jeanne du Laurens semble s'être hâtée de l'écrire : les infirmités de l'âge s'avançaient. « Je suis jà vieille, » disait-elle. Ses pressentiments ne la trompaient pas. Quatre ans et cinq mois après, le 30 novembre 1635, cette femme éminente terminait sa noble et sainte vie.

Le petit tableau d'intérieur, retracé par elle, est un admirable modèle dont les familles pourront s'inspirer pour la rédaction de leurs souvenirs domestiques; et nous le recommandons pratiquement à ce titre. Mais nous voudrions aller plus loin, s'il est possible.

Or, grâce à la découverte des deux testaments du père et de la mère de Jeanne que nous publions plus loin, ce vœu peut être réalisé : de là les pages qui vont suivre. Rien ne saurait être négligé dans un tel sujet, qui est des plus féconds en enseignements utiles.

CHAPITRE I

Comment les du Laurens s'élevèrent à la noblesse.

« *Les moyens*[1], *la noblesse n'ont pas eslevé nostre famille; mais c'est la vertu joincte à la grâce divine.* »

Telle est la conclusion par laquelle Jeanne terminait en 1631 « la généalogie de Messieurs du Laurens ». Et cependant, il est certain que si la noblesse n'éleva pas la famille, celle-ci s'éleva jusqu'à la noblesse. Ceci demande à être expliqué.

Le grand-père de Jeanne s'appelait simplement « Michel Laurens[2] »; son père ne fut jamais connu de son vivant que sous le nom de « Louis Laurens » tout court. Ce fut seulement après son mariage à Tarascon, en 1553, qu'il pensa à

[1] C'est-à-dire la richesse.

[2] Voir ci-dessous le testament du père de Jeanne.

se faire naturaliser français, et ses lettres de naturalisation, enregistrées à la Cour des Comptes [1], ne portent, elles aussi, que le nom de « Loys Laurens ». Son testament de 1574 continue à lui donner cette désignation, sans rien y changer. Plus tard, Henri IV, demandant à François Dupérier des nouvelles de l'avocat général au Parlement de Provence, son ancien adversaire politique, le qualifie toujours de même : « *Que fait le bonhomme Laurens?* » Ce qui prouve que dans l'usage le nom primitif subsistait. Et cependant, vingt-quatre ans après la mort du père, nous trouvons tous les enfants appelés « Messieurs de Laurens » dans le testament de leur mère. D'abord, c'est le *de* qui est adopté; mais, dans la suite, c'est le *du* qui prévaudra. Alors vivaient à Avignon les de Laurens, nobles et écuyers de longue date, et il y a lieu de penser que les fils du médecin d'Arles voulurent s'en distinguer, en prenant une autre particule [2].

[1] Les lettres de naturalisation de Louis Laurens sont au registre Camellus B, 57, (1553-1566), des archives de la Cour des Comptes de Provence.

[2] Rien de plus variable autrefois que l'orthographe des noms, et cela explique l'emploi qu'on faisait des diverses particules, sans que cela tirât à conséquence.

Disons que les du Laurens, dont il est question, n'ont au-

Voilà donc une particule par laquelle s'est relevée en très peu de temps une famille naguère obscure. Qu'est-ce que cela veut dire?

Serait-ce là une usurpation de noblesse? S'il en était ainsi, Jeanne aurait été bien mal inspirée en protestant, au contraire, que la noblesse n'a eu aucune part à l'élévation de tous les siens. Rien de plus simple, rien de plus franc que son récit. « *La vertu fait la tige et vaut tous les ayeux,* » a dit le poète Lemierre. Jeanne pense de même; elle est fière de la famille qui lui a donné le jour. « *Je m'estime plus qu'heureuse d'estre sortie de cette race,* s'écrie-t-elle dans l'enthousiasme de sa piété filiale; *et je suis plus contente de ce bonheur que si j'avois mil escus de rente.* » Mais, elle cherche si peu à la surfaire qu'elle a commencé par nous déclarer ce qu'elle était avant l'heureuse fortune de son père. Louis Laurens était né dans un pauvre village de la Savoie. Pour passer docteur en médecine, il avait été obligé de se mettre au service d'un riche gentilhomme qui allait achever ses études à l'université de Paris; et, lorsque plus tard son ancien cama-

cun rapport avec les nombreuses familles du Laurens, de Laurens et des Laurens, qui ont existé et qui se sont établies en Provence et dans le Comtat.

rade d'école et ami, Honoré de Castellan, avait voulu lui faire épouser sa sœur, il s'y était d'abord refusé, « estant là avec humilité, et disant qu'il ne méritait pas tant de faveurs. »

S'il n'y a pas usurpation de noblesse, qu'y a-t-il donc dans le fait de cette particule se produisant d'une manière spontanée, et, ce semble, sans titre? Serait-ce alors acte de vanité?

Pour rendre de suite toute notre pensée, nous laisserons la parole à un ancien, à Plutarque : « De peur que vous n'abusiez contre moi de l'équivoque des termes, disait-il, la noblesse que je reconnais, que j'estime et dont je prends la défense, est celle qu'on nomme *la vertu de famille* et qui, transmise jusqu'à nos jours par les degrés successifs de plusieurs générations, rajeunit en nous le souvenir des ancêtres et rend par leur nom seul leurs descendants illustres et recommandables[1]. » On a formulé de nos jours la même vérité dans des termes bien expressifs : « Quiconque sait inspirer à sa famille l'esprit de devoir, lui donne une force suprême qui l'élèvera

[1] *Œuvres morales de Plutarque,* traduction Ricard; t. XVII, p. 113-114.

constamment, tant que cette tradition puissante et féconde y sera conservée [1]. »

La noblesse ainsi entendue se distingue essentiellement des aristocraties proprement dites. Elle est de tous les temps; elle se retrouve partout la même, indépendante des systèmes de gouvernement: son privilège, le seul qu'elle possède, est d'être étrangère à tout esprit d'exclusion; accessible et ouverte à toutes les classes, elle s'offre à nous comme une grande institution sociale qui échappe ou devrait échapper aux révolutions elles-mêmes.

Les Anglais ont la plus forte aristocratie du monde, et cela ne les empêche pas de poser en principe que la *nobility* n'est pas chez eux une caste. Rien ne traduit mieux, sous ce rapport, leurs idées et leurs mœurs que la large extension donnée par eux, de toute ancienneté, au titre et à la qualité de *gentleman*. « Il est difficile de définir ce qui fait le gentleman, » observait Selden, il y a deux siècles [2]. Qu'est un gentleman dans ses qualités essentielles? « C'est, répond un de nos contemporains, un vrai noble, un homme digne

[1] G. Le Hardy, *Études sur le principe aristocratique;* brochure in-8. Caen, 1872; p. 72.

[2] *Table talk,* p. 60.

de commander, intègre, désintéressé, capable de s'exposer et même de se sacrifier pour ceux qu'il guide, non seulement homme d'honneur, mais homme de conscience, en qui les instincts ont été confirmés par la réflexion droite, et qui, agissant bien par nature, agit encore mieux par principe[1]. » Aussi un écrivain anglais jugeait-il avec raison le respect des vraies autorités sociales, comme une tradition en quelque sorte innée chez ses compatriotes, lorsqu'il leur disait : « Vous pouvez supprimer la Chambre des Lords, anéantir les titres de noblesse, et faire un feu de joie des couronnes et de l'hermine des pairs. L'aristocratie, en dépit de tous vos efforts, restera plus forte que jamais; car son pouvoir ne tient ni aux peintures de la Chambre, ni au sac de laine en velours cramoisi, ni aux décorations de rubans, ni aux couronnes et aux titres. La source de son pouvoir, mes amis, est en vous-mêmes; il repose sur l'esprit aristocratique et sur les penchants aristocratiques qui vous dominent tous[2]. »

En Angleterre, l'expression : « *He is no gentleman*, [3] » implique toute une excommunication

[1] H. Taine, *Notes sur l'Angleterre*, p. 196.
[2] Bulwer, *l'Angleterre et les Anglais*, p. 416.
[3] C'est-à-dire, « ce n'est pas un gentleman. »

sociale. Un proverbe anglais dit : « Le Roi peut bien faire d'un homme un noble (dans le sens politique du mot), mais non un gentleman[1]. »

Nous n'avons pas à rechercher pourquoi, des deux côtés du détroit, ce mot a eu des destinées si différentes. La France, pour son malheur, n'a pas eu une aristocratie vraiment politique, sachant garder les mœurs en dehors desquelles tout privilège, toute haute situation même, perdent leur raison d'être. Mais elle a possédé longtemps, elle aussi, d'excellentes races qui eussent mérité de n'être pas confondues dans une commune et presque irrémédiable impopularité avec une noblesse de cour ne rendant plus aucun service.

Quoi qu'en aient dit les légistes de la décadence, le Roi, pas plus chez nous que chez les Anglais, n'était le seul à avoir le pouvoir d'anoblir. En dehors de la noblesse officielle, titrée et privilégiée, il y en avait une autre ouverte socialement à tous ceux qui s'en rendaient dignes, et qui, en gardant la tenue, en voulaient remplir les devoirs dans l'administration et pour le plus grand bien du pays. La *gentry* française ne le

[1] Édouard Fischel, *la Constitution d'Angleterre*, t. I, p. 95.

cédait en rien à celle de l'Angleterre. Elle se composait de familles qui, sans avoir de lettres d'anoblissement, étaient nobles de fait par la distinction morale et le caractère, non moins que par l'ancienneté. Nous les avons étudiées de près ; nous les avons mises dans un jour aussi vrai que possible. Or, il est curieux d'observer quelles qualifications on donnait à ces familles, quelles dénominations honorables l'opinion de leurs concitoyens leur attribuait. C'est pour elles, par exemple, que *noble* et *notable* étaient presque synonymes, au point que dans beaucoup d'actes du moyen âge ils étaient employés indifféremment. C'est chez elles qu'on se faisait un titre d'honneur « *d'estre honneste homme, d'appartenir à une famille où l'on faisoit profession d'estre honneste homme* ». Un de ces nobles, qui ne place pas sa noblesse dans un fief dont il a fait l'acquisition, et qui rappelle la longue suite d'aïeux, bons français et bons chrétiens, dont il descend, écrit : « *Grâces au Seigneur, ma famille s'illustre chaque jour davantage, et le comble de ses bienfaits est que je me sens sans cesse porté à vivre en honneste homme. Ç'a été de tout temps l'apanage de nostre famille : Fortes creantur fortibus.* » Et il ajoute, au sujet de la fureur des anoblissements qui fait alors tourner toutes les têtes (c'est au XVIIIe siècle) : « *Je me crois plus honoré de la qualité d'honneste homme que de tous les titres de noblesse qu'on acquiert aujourd'hui à bon marché.* »

Dans de telles conditions, la qualité d'honnête homme avait le sens donné en Angleterre à celle de *gentleman ;* elle en était l'équivalent.

Revenons maintenant à la particule, qui a été l'occasion et le point de départ de nos observations. La question peut sembler bien futile ; mais il n'y a rien d'indifférent lorsqu'il s'agit de chercher la raison d'être des formes ou signes extérieurs qui révèlent le fond des mœurs.

Parmi les familles dont il vient d'être parlé, il y en eut qui portèrent toujours leur nom patronymique, tel qu'il avait été dès l'origine. D'autres, sans l'abandonner, y adjoignirent le nom d'une terre, pour marquer leur consistance et leur importance territoriales. Il y en eut enfin qui, tout en le gardant sans changement, y ajoutèrent un *de* ou *du,* par analogie avec ce qui se produisait lorsque la particule génitive était suivie d'un nom de seigneurie.

Notons que cette particule était dépourvue de toute valeur héraldique. Son importance était loin d'avoir les proportions qu'on lui a données depuis, lorsque le fond des choses a été sacrifié à la forme[1] : on l'employait, on la supprimait, sans que cela tirât à conséquence; beaucoup de grands seigneurs ne la portaient pas; des bourgeois « vivant noblement », après l'avoir prise, la laissaient tomber en désuétude, pour la reprendre à la génération suivante. Chez le peuple, elle était quelquefois une simple indication d'origine. En tout cas, c'est sur quelque chose de plus solide que reposait la hiérarchie sociale.

On nous pardonnera d'avoir, au sujet des du Laurens, signalé un des points sur lesquels souvent on juge à faux les vieilles mœurs françaises. Leur naissance était des plus modestes; et cependant ils nous montrent comment, au XVIe siècle, les classes supérieures ouvraient leurs rangs aux nouveaux venus ayant des qualités éminentes.

1 « Au dernier siècle encore, il est très habituel de rencontrer dans un même acte le nom de la même personne, soit avec le *de*, le *du* ou le *des*, soit avec l'article au nominatif, écrit tantôt décomposé, tantôt d'un seul mot, avec ou sans majuscule initiale, et souvent réduit à sa partie principale par la suppression de toute particule... La législation moderne s'est donc laissé égarer, en exigeant de véritables preuves de noblesse, pour autoriser ceux qui portent de ces sortes de noms à l'écrire, comme le bon sens demande qu'ils le soient, c'est-à-dire en séparant la particule du corps du nom : du Chêne, de l'Aunay, des Landes, du Pré, etc... »

Voyez-les : six ans à peine se sont écoulés depuis la mort du père, et déjà l'aîné, Honoré, est choisi comme gendre, à cause de ses succès au barreau, par François d'Ulme, seigneur de Montravail et avocat général au Parlement d'Aix; bientôt même, en 1581, il succède à son beau-père dans cette charge importante. — Le deuxième, Charles, médecin de la ville d'Arles, s'allie à la noble maison de Raousset de Tarascon. — Le quatrième, André, mérite de devenir le médecin et l'ami de Henri IV, épouse Anne Sanguin de Livry, fille d'un conseiller au Parlement de Paris, et transmet à son fils la seigneurie de Ferrières. — Le cinquième, Antoine, avocat au Conseil privé, se marie à Paris avec la fille de M. de Robert, « grand personnage, » nous dit sa sœur.

Jeanne restera dans la bourgeoisie, en épousant d'abord François Achard, puis François Gleyze; mais sa sœur Honorade entrera dans la noblesse par son premier mariage avec M. de Mandon, et elle y demeurera par le second avec Jean de Barrême[1].

— Le Hardy, *Études sur le principe aristocratique,* p. 49, 54, 58.

[1] Cette famille de Barrême offre un exemple remarquable de la stabilité qui présidait à l'administration de la justice, dans l'ancienne société française. Déjà, en 1404, il y avait

Et maintenant, voici un fait étrange qui se produit un siècle après.

Les hommes, les mœurs, les temps sont absolument changés. La société française se précipite déjà sur la pente qui doit la jeter dans des abîmes de désordre et de désorganisation. De ses hauteurs descendent de funestes exemples, qui déconsidèrent de plus en plus les institutions consacrées jusqu'alors par le respect populaire. Les généalogies cessent d'être l'histoire des vertus des ancêtres; elles deviennent des romans et servent à accréditer des illustrations fantastiques. En 1744, Montesquieu, frappé des traditions qu'il vient d'admirer en Angleterre, cédera au désir de recueillir les siennes; mais il s'en excusera, tant il redoute des quolibets déplaisants, et il écrira sur ses tablettes: « *Je fais faire une assez sotte chose, c'est ma généalogie.* » — « Le pauvre métier que celui de généalogiste, dira-t-il encore. Cet homme très mal vêtu, que je vois lever les yeux au ciel, espère que son art rendra, si les fortunes conti-

à Marseille un Antoine Barrême, juge des premières appellations. Celui de ses descendants qu'épousa la sœur de Jeanne du Laurens fut juge et viguier à Tarascon, de 1598 à 1616; et, à la cinquième génération, au milieu du XVIIIe siècle, un Joseph de Barrême exerçait encore la même charge, comme tous ses devanciers.

nuent, et que tous ces nouveaux riches auront besoin de lui pour réformer leur nom, décrasser leurs ancêtres et orner leurs carrosses. Il s'imagine qu'il va faire autant de gens de qualité qu'il voudra, et il tressaille de joie de voir multiplier ses pratiques [1]. »

Quelles qu'aient été, dès le XVIIe siècle, les usurpations de titres, on se demande comment une de ces généalogies fabuleuses a pu s'écrire au sujet des du Laurens. Plusieurs copies du manuscrit de Jeanne existaient en Provence et à Paris [2]; et elles étaient si bien connues qu'elles ont servi à toutes les biographies qui furent publiées sur eux avant la Révolution [3]. On s'étonne encore davantage de la voir accueillie par un généalogiste qui n'avait rien des mœurs faméliques de ceux qui horripilaient Montesquieu, par l'estimable abbé Robert de Briançon. Nous voulons parler des notes insérées par ce dernier

1 Louis Vian, *Montesquieu, sa vie et ses ouvrages, d'après des documents inédits*, 1877.

2 Nous avons signalé plus haut une de ces copies, provenant des collections de M. le Chevalier de B., et appartenant aujourd'hui à M. le marquis de Boisgelin.

3 Voir, entre autres, les biographies d'Honoré, d'André, de Gaspard et de Jean, publiées en 1786 dans le tome I du *Dictionnaire des hommes illustres de la Provence et du Comtat-Venaissin*.

sur les du Laurens dans ses *Tables généalogiques*, qui sont au nombre des manuscrits du fonds d'Hozier, à la Bibliothèque nationale.

Mais la chose s'explique. En 1661, l'héritier d'une famille étrangère à la Provence, et dans laquelle était entrée une des filles d'André, le médecin de Henri IV, avait eu à fournir pour l'Ordre de Malte ses preuves de noblesse de père et de mère, jusqu'au quatrième degré; et c'est de lui que sont venues les pièces sur l'authenticité desquelles la bonne foi de l'abbé Robert fut un moment surprise [1].

Ainsi, Louis du Laurens fut qualifié du titre d'écuyer et de seigneur de Ferrières; il aurait fait l'acquisition de cette seigneurie en 1540. Louise de Castellan fut transformée en Louise de Castellane; elle aurait appartenu à la maison de ce nom, avec le château à trois tours pour armoiries.

On ne pouvait s'arrêter là; et, au quatrième degré, le père de Louis, auquel était attribué le

[1] L'abbé Robert se garda bien de les reproduire dans son Nobiliaire de Provence qui a été imprimé. Mais, là encore, il commit une erreur, en faisant naître de Richard les trois conseillers au Parlement de Paris, qui étaient les fils d'Antoine. Cette erreur lui est, d'ailleurs, commune avec presque tous les généalogistes.

prénom de René, fut représenté comme ayant été également écuyer, et on inventait pour lui le titre et la qualité de seigneur de Verteronne. Il aurait épousé Jacqueline des Espoises, etc.

C'était tout un roman, et on n'avait pas même le soin de le rendre vraisemblable ; car les dates, elles aussi, étaient absolument fausses [1].

Ce trait n'a pas besoin de commentaire. Voilà les moyens que ne craignaient pas alors d'employer, pour se créer des aïeux titrés, les représentants des fortes races, dont le simple récit de Jeanne nous fait admirer l'esprit de vérité, de sincérité, de modestie, et par cela même de vie.

Quelle triste décadence d'une grande et vénérable institution !

A quel moment précis les fils de Louis Laurens furent-ils anoblis légalement ? L'ont-ils même jamais été ? Nous l'ignorons, et nous n'avons aucun motif de regretter cette lacune dans nos recherches. Un seul objet nous occupe : – Comment se sont formées et perpétuées jusqu'à nos jours

[1] Dans cette généalogie vraiment étrange, la date du mariage de Louis du Laurens est reportée de février 1553 au 11 février 1544 ; — celle de sa mort, du 23 décembre 1574 au 17 janvier 1555. Quant à sa femme, qui vécut jusqu'en 1598, elle serait décédée le 4 avril 1556.

les races vraiment nobles, dans lesquelles la nation trouvait ses modèles et ses forces de gouvernement? Voilà le point important auquel il faut s'attacher; voilà ce qu'il faut rappeler sans cesse à une société riche encore en vertus, malgré tous les désordres qui se montrent à sa surface, mais où ces vertus n'ont plus le pouvoir de constituer des traditions et même de servir utilement à la direction du pays, parce que les premiers principes sont renversés.

CHAPITRE II

Comment les huit fils du Laurens purent être tous docteurs.

Arrivons au testament de Louis Laurens. Le notaire l'a rédigé dans le style alors consacré pour les actes de ce genre ; mais, tel qu'il est, il s'offre à nous sous une forme qui n'est rien moins qu'agréable, et surtout qui n'est guère propre à en faire saisir et sentir le haut degré d'intérêt.

Aussi, bien que nous en placions plus loin le texte sous les yeux de nos lecteurs, croyons-nous devoir en dégager ici les dispositions essentielles, d'autant plus qu'elles gagneront beaucoup à être rapprochées de ce que nous a déjà dit Jeanne. Ce sera le moyen de mieux connaître cette famille, de l'étudier de près dans la phase la plus importante et la plus critique à la fois de son existence, et de noter particulièrement certains traits, qui sans cela perdraient tout leur relief.

Nos pères disaient : « *Les deux actions principales de la vie sont le mariage et le testament*[1]. »

Louis Laurens, plus que personne, avait présente à l'esprit cette maxime ; aussi le voyons-nous s'en inspirer avec une prévoyante sagesse. Il devait beaucoup à son mariage et à sa femme ; il ne l'a pas oublié, et il commence par assurer à celle-ci une situation digne d'elle dans son veuvage. Elle sera maîtresse au logis, elle est formellement dispensée de tout inventaire, de toute reddition de compte ; elle est établie « tutrice, gouvernante et administratrice de la personne et des biens de ses enfants » ; elle aura l'usufruit de leur patrimoine jusqu'à ce qu'ils aient atteint l'âge de vingt ans. Le père ne va pas au delà, parce qu'elle a un avoir personnel, et parce que les enfants auront immédiatement besoin du peu, du très peu qui leur reviendra de la petite fortune paternelle, pour se créer une carrière ou un établissement. Mais, comme dédommagement, la mère recevra une part d'enfant, et elle est instituée héritière à ce titre.

Après avoir réglé le sort de sa femme, Louis Laurens s'occupe de ses filles : quoi qu'il advienne, il faut qu'elles soient pourvues d'une dot à

[1] *Les Familles*, t. II, liv. III, chap. III.

l'époque où elles contracteront mariage. Les garçons se tireront toujours d'affaire.

Enfin il s'occupe de l'avenir de ces derniers; et ici s'ouvre une série de clauses remarquables, qui répondent à une situation des plus touchantes.

Quelles ne sont pas alors les sollicitudes du père? Il gagnait la vie de tous les siens. Toutes ses ressources, tout ce qu'il retirait de sa pratique médicale, suffisait à peine, — et au prix de quels prodiges d'économie! — à les faire élever au collège d'Arles; et il va leur être enlevé! Que deviendront-ils?

Ils sont à genoux, recevant sa bénédiction avec ses adieux. Tous sont là, sauf un seul, Honoré, qui est loin, à Turin, où il achève ses études et d'où il ne tardera pas à revenir. Pour lui, l'œuvre est très avancée; mais elle commence à peine pour les autres, pour les derniers venus dans la vie et dans la famille. Quelle sera leur destinée? Comment et par quels moyens sera-t-il possible de les entretenir au collège et plus tard dans les Universités?

Des sanglots éclatent, la mère est accablée. Une voix consolatrice s'élève: c'est celle du père. Il parle de Dieu, comme si déjà il le voyait dans sa gloire et aussi dans les trésors de sa miséricorde ; il conjure ces êtres si chers, dont il est à la veille de se séparer pour un temps, de se confier en son secours et en sa providence. Dieu ne saurait manquer à la famille, si la famille ne manque pas à Dieu, et si elle s'aide elle-même.

Les deux aînés sont en âge de travailler et d'assister la mère. Honoré a vingt ans, il pourra se créer tout de suite un pécule et quelques moyens d'existence au barreau ; Charles en a dix-neuf, il exercera la médecine, et la ville d'Arles, sur la demande du père, lui continue le petit traitement qu'elle faisait à ce dernier pour certains services publics. Les cadets ne seront donc pas sans secours ; les plus petits, Jean et Gaspard, dont l'éducation exigera le plus de temps et coûtera le plus, trouveront des soutiens. Julien, le troisième, qui touche à ses dix-sept ans, fera de même à l'égard du cinquième, Richard, qui en a onze. Voilà ce que le père regarde comme un grand motif de confiance pour ne pas s'abandonner. Il vient de pourvoir à tout et de dicter au notaire ses dernières volontés ; il a réglé que les aînés « *seront tenus, des fruicts de leur part dans son héritage, de nourrir et entretenir aux estudes les derniers venus* ». Ainsi il n'a pas suffi à Louis Laurens, tant qu'il a vécu, de mettre au cœur de ses enfants un grand amour du travail ; ce travail, il l'organise, pour leur commun profit, sur son lit de mort où il est comme une image transfigurée de la divine Providence qu'il invoque. Il a toujours prêché à ses fils et ses filles l'union, la paix, la concorde; maintenant il leur prescrit la plus entière, la plus étroite solidarité.

Le récit de Jeanne était déjà très émouvant par lui-même; mais le testament de son père lui apporte un surcroît de grandeur morale et de puissance.

A la lumière de telles dispositions tout s'éclaire. Louis Laurens demeurera immortel dans sa famille, et par lui celle-ci va devenir le type, le modèle des associations fraternelles, la plus belle des sociétés de secours mutuels.

On ne pouvait certes douter du dévouement de la mère. Mais les enfants ! seraient-ils toujours ce qu'ils devraient être? Lorsque le père ne serait plus là, les aînés ne se disperseraient-ils pas, et, en cherchant à se pousser dans le monde, n'oublieraient-ils pas leurs plus jeunes frères, laissant toute la charge retomber sur la pauvre veuve, écrasée d'un tel fardeau? Combien de familles où cette désagrégation se produit de nos jours, irrémédiablement et fatalement, dans des circonstances semblables ! Aussi, pour peu que leurs conditions d'existence soient précaires, l'épreuve est trop forte, et le patrimoine disparaît même, absorbé qu'il est par les frais de licitation; la ruine est complète [1]. Mais il n'en est pas ainsi chez les du Laurens. La mère remplace le chef de famille avec le droit et le pouvoir de tout faire dans l'intérêt commun, sans que la justice intervienne; en elle, l'autorité paternelle subsiste pleine et entière; ses enfants lui sont aussi étroitement unis qu'ils le sont l'un à l'autre. Elle pourra traverser la crise sans y succomber.

Honoré, à peine revenu de Turin et reçu docteur, ira plaider à Aix; et tout de suite il y trouvera des clients, des encouragements, des protecteurs, et même un avocat général qui voudra lui donner sa fille. Charles restera à Arles, et il y remplira l'office d'aîné, remettant à sa mère tout ce qu'il gagnera comme médecin, pour subvenir aux besoins d'un ménage très à l'étroit. « Il a assisté à tous, tant qu'il a vescu, » dit Jeanne avec sa précision habituelle de langage, qui résume en un mot le fait à retenir. Elle ne se perd pas dans les détails; son but est de montrer à ses enfants et

[1] Voir Le Play, *Organisation de la Famille*, p. 290 et suiv.

descendants ce qu'était et ce que valait la race dont ils sont issus ; et, pour cela, « elle escrit le plus briefvement possible. » Elle ne mentionne même pas un fait qui la concerne. Ainsi, ce que ses frères ont si bien pratiqué les uns pour les autres, ils l'ont effectué pour elle-même. Le 25 février 1582, lors de son mariage avec François Achard, Honoré, Charles, Julien, André et Antoine, c'est-à-dire ceux qui étaient en état de se suffire par leur travail, sont allés bien au delà des clauses du testament paternel. Non seulement Jeanne a reçu d'eux les 600 écus d'or qui lui ont été légués pour sa dot ; mais elle a été traitée par eux avec une générosité sans pareille ; car ils sont intervenus au contrat pour lui faire donation, en surplus, d'une autre somme de 300 écus [1].

On s'est apitoyé sur le sort auquel, dans l'ancien régime, étaient réduites les malheureuses filles condamnées à se laisser enfermer dans des couvents pour grossir la part des garçons. Ces abus ne furent, il est vrai, que trop fréquents,

[1] Voir ci-dessus, p. 69.

Les frères et sœurs du Laurens ne furent pas seulement dévoués les uns pour les autres. Comme on l'a vu dans le récit de Jeanne, et sur la recommandation que leur mère leur en avait faite par son testament, ils se chargèrent de l'éducation de leurs neveux orphelins.

lorsque tout se désorganisa dans la famille, comme dans l'État, par l'orgueil et les excès du luxe. Mais les familles chrétiennes, gardant l'ancienne simplicité, avaient d'autres mœurs, et elles nous offrent des exemples très différents; l'histoire des du Laurens[1] en donne la preuve.

Concluons sur ce sujet, en résumant dans un tableau les résultats de leur admirable esprit de religion, de travail et d'union fraternelle. « *La fin couronne l'œuvre,* » dit Jeanne; or voici quels furent chez ses huit frères les fruits de tant de sollicitudes et d'efforts.

1° HONORÉ : — Docteur ès droits, d'abord premier avocat général au Parlement d'Aix, puis archevêque d'Embrun;

2° CHARLES : — Docteur en médecine, médecin de la ville d'Arles;

3° JULIEN : — Docteur en théologie, chanoine et premier théologal à Saint-Trophime d'Arles;

4° ANDRÉ : — Docteur en médecine, professeur et chancelier de la Faculté de Montpellier, plus tard premier médecin de Henri IV;

5° ANTOINE : — Docteur ès droits, avocat au Conseil privé;

[1] Voir ci-dessus, p. 90.

6° Richard : — Docteur en médecine, médecin a Lyon, puis à Arles ;

7° Gaspard : — Docteur ès droits, d'abord abbé de Sénanque et de Saint-Pierre de Vienne, puis archevêque d'Arles ;

8° Jean : — Docteur en théologie, trois fois provincial de l'Ordre des Capucins.

CHAPITRE III

Comment les du Laurens ne se sont pas conservés à Arles.

Maintenant que nous savons ce que les du Laurens furent *individuellement*, nous voudrions rechercher ce que devint *leur famille.* Jeanne en dressa une sorte d'état, au moment où elle mit par écrit ses souvenirs pour l'instruction de ses propres enfants ; mais le dénombrement qu'elle nous en a laissé a besoin d'être, lui aussi, expliqué et complété.

Des huit fils du Laurens, un seul, Antoine, vivait encore en 1631, mais il habitait Paris ; il mourut quelques années après, en 1639, âgé de 78 ans, et laissant dix enfants, dont trois fils. Moréri nous fait connaître les prénoms et qualité de ceux-ci : ils s'appelaient Antoine, Robert et Maximilien, et ils furent tous trois conseillers au Parlement de Paris. L'un d'eux, nous a dit

Jeanne, était aumônier du Roi, conseiller clerc et docteur en Sorbonne.

André, le médecin de Henri IV, mort en 1609, avait eu de son mariage avec Anne de Sanguin de Livry un fils et deux filles. Mais ce fils demeura étranger à la Provence; après avoir été quelque temps à l'armée, il devint gentilhomme de la chambre du Roi, et mourut sans postérité. Une des filles, nommée Marie, avait épousé, le 12 mars 1627, François de Culant, seigneur de Monceaux.

Le fils d'Honoré était entré dans les Ordres, et nous savons qu'il était abbé de Sénanque; sa fille avait été mariée à Hubert de Lincel, seigneur de Saint-Martin.

Quant aux enfants de Charles, ils étaient morts en bas âge.

Nous ne parlons pas de Richard, qui était res- célibataire, et encore moins de Gaspard et de Jean, qui étaient absolument étrangers au monde et avaient été toujours consacrés au service de Dieu.

Toute cette nombreuse famille ne se trouva donc plus représentée, après une génération, que par les trois fils d'Antoine, dont l'un était prêtre. De ce côté-là, du moins, y eut-il quelque descendance? Moréri mentionne un abbé, Pierre du

Laurens, fils de Robert, qui fut successivement docteur en Sorbonne, grand-prieur et vicaire de Cluny, puis évêque de Belley, et mourut le 17 janvier 1705, âgé de 87 ans. Mais nous n'avons aucun renseignement sur les autres, en sorte que nous ignorons si la famille s'est continuée, loin de la Provence, ou si elle s'est éteinte.

Certes, lorsque Jeanne se montrait si justement fière « d'être sortie d'une telle race », celle-ci, bien que déjà très décimée, semblait avoir encore devant elle quelque avenir. Et cependant elle a disparu, ou, s'il en est resté quelques rejetons, la tradition s'est rompue pour eux. Dès lors une question se pose : — N'a-t-il pas manqué quelque chose aux du Laurens pour se perpétuer ?

Ils étaient parfaits sous tous les rapports. Religion, vertus, talents, esprit de travail et énergie du ressort individuel, piété filiale, dévouement fraternel, ils réunissaient tout ; et on eût pu croire qu'ils étaient destinés par privilège à recevoir toutes les bénédictions temporelles qui, dans l'ancienne loi, étaient regardées comme la récompense de l'observation des commandements de Dieu.

« *Heureux l'homme qui craint le Seigneur, et qui marche dans ses voies ! Tu jouiras du travail de tes mains, tu vivras heureux et tu prospéreras.*

Ton épouse, dans l'intérieur de ta maison, sera comme une vigne chargée de fruits; tes enfants autour de ta table seront comme de jeunes oliviers. Voilà comme il sera béni, l'homme qui craint le Seigneur[1]. »

— « *Mon fils, louons ces hommes qui sont nos pères et dont nous sommes la race... Ils ont été riches en vertus, ils ont fait de la véritable beauté l'objet de leurs méditations, et ils ont gouverné leurs maisons dans la paix... Leur piété n'a jamais défailli, et les biens qu'ils ont laissés à leur postérité lui demeurent toujours... Leurs fils, à cause d'eux, demeurent éternellement; leur race, non plus que leur gloire, ne finira jamais*[2]. »

Citons ici un témoignage tout à fait vivant, une de ces scènes presque bibliques, comme l'ancienne société française en offre tant à notre admiration et aussi à notre instruction. Nicolas Pasquier nous la retrace dans une lettre qui appartient à l'époque des du Laurens :

« Quand je reçus vos lettres qui portent comme Mangot, en moins d'un an, a esté maistre des requestes, premier président de Bourdeaux, premier secrétaire d'Estat et enfin garde des sceaux,

[1] Ps. CXXVII, 1-4.
[2] Eccli. XLIV, 1-14.

je lisois la bénédiction qu'Isaac donna à son fils Jacob, laquelle me fit aussi revenir en mémoire celle que feu son père luy donna et à ses enfans, que je tiens de feue ma belle-sœur, sa sœur.

« Car, tout ainsi que Isaac, bénissant son fils Jacob, pria Dieu qu'il le fist fructifier, afin qu'il le creust en congrégation des peuples, de mesme son père donna diverses bénédictions à ses enfans et luy commanda particulièrement de recevoir et escrire son testament. Et après, mettant les mains sur sa teste, pria Dieu qu'il le fist prospérer en honneur, en biens, et multiplier en enfans, et n'oublia rien pour le combler de toutes sortes de bénédictions, avec ces paroles : *Et tu, Claudi, suscitabis semen meum, et claram reddes familiam meam :* bénédiction qui a eu son cours; car sa maison fourmille d'enfans, regorge de biens, et luy est monté, degré par degré, jusqu'à la plus haute dignité qui soit en ce royaume pour l'homme de robe longue[1]. »

Cette scène biblique semble reproduire celle de Louis Laurens bénissant ses huit fils au lit de mort, et leur donnant dans son testament, avec les principes les plus propres à les unir, tout un

[1] Lettres de Nicolas Pasquier, publiées à la suite des *Œuvres d'Estienne Pasquier,* Liv. VI, 14.

principe de vie. Et cependant, si chacun de ces huit fils a trouvé *personnellement* le succès, la race qu'ils représentaient n'a pas eu la même fortune! Encore une fois, quelles en ont été les causes? ou plutôt quelle est une des causes auxquelles peut être attribué ce fait qui est de nature à nous surprendre?

Nous allons le dire simplement : cela n'amoindrira en rien le mérite d'une famille si exemplaire; mais cela concourra, avec beaucoup d'autres faits du même genre, à démontrer qu'il y a dans l'ordre temporel des conditions nécessaires de stabilité, pour la permanence du bien en ce monde.

Le testament par lequel Louis Laurens, le modeste médecin d'Arles, pourvut à l'avenir de ses fils, est remarquable sans nul doute. Il les identifia étroitement les uns aux autres, et il les unit tous à leur mère. Cela suffisait-il?

Il partagea également entre eux son avoir, et, en établissant ces parts égales, il y ajouta des clauses qui avaient pour but d'obliger les aînés à aider les cadets dans leur éducation; mais n'aurait-il pu assurer cette assistance des aînés, tout en faisant une institution d'héritier qui aurait sauvegardé sa famille et sa maison dans l'avenir?

D'ordinaire, telle était la grande préoccupation des parents, et là se trouvait le point le plus important de leur œuvre testamentaire. Ils instituaient d'ordinaire un héritier; cet héritier avait un nom consacré dans le langage usuel : on l'appelait le *soutien de la maison*[1]. De très petits bourgeois et paysans, surtout en Provence et notamment à Arles, avaient sous ce rapport le même esprit, les mêmes mœurs et les mêmes coutumes que les gentilshommes; et, en pratique, on les voyait tout particulièrement mettre

[1] En Provence, il y a une locution très expressive dont se servent encore aujourd'hui les paysans, lorsqu'ils veulent désigner celui de leurs garçons qu'ils comptent attacher au foyer et à la terre. Ils disent de lui, dans la langue du pays: « *Aqueu sara lou Cepoun de l'oustau.* » Le *Cepoun* est le bloc d'arbre contigu aux racines, qui est employé à la fois comme billot et comme siège dans les ménages ruraux. Il correspond exactement au mot *Stamm* des Allemands, dit M. Le Play. — Voir *la Réforme sociale*, 24, V, note 3.

Nous ne pouvons qu'indiquer, sur ce grand sujet, ce que nous avons développé ailleurs, sous la dictée des testaments et témoignages domestiques, dans nos études sur les *Familles*, t. II, chap. intitulé : « Le testament et l'héritage paternels. »

Nos lecteurs ne sauraient trop lire et méditer les observations si profondes et si décisives que M. Le Play, l'éminent auteur de livres aujourd'hui connus de tous, a publiées sur le régime testamentaire dans ses rapports avec l'ordre fondamental de la famille et de la société.

une extrême sollicitude à élever leurs enfants, à les doter, à les établir, à leur faire à tous le meilleur sort, de manière à concilier les intérêts individuels avec les intérêts collectifs. La maison, qui était presque un sanctuaire pour la famille, le domaine où se trouvaient ses éléments d'existence et de fixité, devaient se conserver, autant que possible ; il fallait à tout prix les sauver d'une liquidation ; et c'est ainsi que l'héritier chargé de désintéresser par des sommes en argent ses frères et sœurs, non encore établis, loin d'être avantagé, avait à supporter en définitive un très lourd fardeau.

Il est vrai que le père ne pouvait pas toujours instituer lui-même le soutien de la maison. Si la mort le frappait avant l'âge, et lorsque ses enfants étaient encore mineurs, il n'avait pas les moyens de discerner celui d'entre eux qui se montrerait apte à remplir un rôle à la fois si nécessaire et si difficile. Mais alors, le plus souvent, il confiait ce soin à sa femme, et tel était autrefois le respect de tous pour les volontés paternelles que de telles clauses étaient exécutées sans contestation. A la mère, devenue veuve et investie de l'autorité de chef de famille[1], incombait donc la

[1] *Les Familles*, t. II, chap. intitulé : « La mère de famille. »

mission d'instituer celui de ses fils qui aurait, comme on le disait autrefois, la charge et l'honneur d'être l'héritier, ou, mieux encore, « de soutenir le toit paternel, ce toit que chacun des enfants devait regarder avec respect, et sous lequel tous devaient conserver l'espoir et les moyens de trouver un jour un asile[1]. »

Nous sommes aujourd'hui bien loin de ces mœurs; mais aussi nous perdons de plus en plus toute stabilité. N'y a-t-il donc pas intérêt à rappeler quel a été, partout et toujours, l'ordre traditionnel? Pensons que des millions de familles n'ont pas en vain fait l'expérience du régime dont nous indiquons l'économie d'une manière sommaire. Disons-nous que, si elles n'avaient pas eu des éléments de fixité, aucune d'elles n'aurait résisté aux vicissitudes des temps, que leur fécondité même eût entraîné pour elles une ruine immédiate, et les eût jetées, comme cela est trop habituel aujourd'hui, dans l'état nomade. Grâce à l'institution d'héritier, par laquelle un des fils attaché au foyer et à la propriété demeurait le centre permanent du groupe et des traditions domestiques, elles ont été pendant un, deux ou

1 Livre de raison d'Antoine de Courtois. — *La Vie domestique*, t. I, p. 220.

trois siècles, de véritables sanctuaires de vertu, produisant des hommes bien trempés et donnant à l'Église et à l'État un élite de cœurs haut placés et de fermes caractères.

Combien de familles très modestes de propriétaires fonciers ont été, de la sorte, les conservatrices de ce qu'il y a de plus précieux pour un peuple, la tradition! Elles ont donné naissance à des esprits distingués et bien équilibrés, qui ont jeté un vif et long éclat dans les lettres et les arts.

Et, au contraire, y a-t-il beaucoup de familles, ne vivant que par les lettres et pour les lettres, et n'ayant pour base d'existence que des professions libérales, qui aient pu, malgré de nombreux enfants, se survivre au delà d'une ou de deux générations? Qu'on étudie sérieusement les causes de leur extinction si prompte, et, en comparant ces deux ordres de faits si concluants, qu'on juge de quel côté est le plus puissant ressort pour le progrès d'une nation.

Mais ces considérations dépassent de beaucoup le cadre de notre esquisse, et nous avons hâte de revenir aux du Laurens. On pourrait croire que nous les avons oubliés; et cependant, en réalité, nous les avions toujours sous les yeux. Saisi de tristesse, en les voyant disparaître si vite de la scène, nous voulions rechercher quelle avait été, en dehors des accidents particuliers, dont les familles les plus méritantes sont quelquefois frappées, une des raisons de leur rapide effacement. Cette raison est donnée par l'économie même de leur histoire. Louis Laurens était un émigrant de la Savoie; marié et établi en Provence, grâce à son ami et camarade d'école, Honoré de Castellan, il n'y était pas fixé, et, lorsque la mort vint l'y surprendre, il n'y avait pas non plus fixé sa famille. Il éleva admirablement ses enfants, il pourvut avec une sagesse parfaite à l'achèvement de leur éducation; mais, quand ces éducations furent terminées sous l'égide de la mère, et par le concours de tous les frères, ceux-ci prirent leur vol et s'essaimèrent à travers la France, à Aix, Montpellier, Lyon, Paris. Celui qui aurait pu continuer la race à Arles y mourut prématurément, et ses enfants eurent le même sort. Un d'eux y revint, et y renouvela, comme archevêque, les vertus des temps apostoliques. Mais la famille se fondit en quelque sorte; et Jeanne, qui était seule, en 1631, à la représenter au pays natal, ne plaçait plus son espérance de conservation que dans le fils d'André, lequel devait mourir sans postérité, et dans deux des fils d'Antoine, dont les descendants, s'ils ont existé, sont demeurés étrangers à la Provence et ont été oubliés.

Les Livres saints, qui gardent non seulement le dépôt des vérités de la foi, mais aussi le trésor des vérités sociales, ont là-dessus de belles maximes :

« *Heureux l'homme qui est fidèle à la sagesse..., et qui se repose en sa maison, et qui, enfonçant un pieu dans ses murailles, se bâtit une petite demeure où ses biens se conserveront à jamais dans la paix! Il établira ses fils sous son couvert; il trouvera sous elle un abri contre la chaleur du jour, et il s'y reposera dans sa gloire* [1]. »

— « *Un homme qui abandonne son foyer et son pays est comme l'oiseau qui quitte son nid* [2]. »

Or, ce qui est vrai pour les individus l'est encore plus pour les familles; et voilà pourquoi, après avoir admiré chez les du Laurens un modèle accompli des vertus et de la vie domestiques, nous avons cru devoir signaler ce qui leur a manqué pour donner à cette vie toute sa fécondité dans l'avenir. La stabilité leur a fait défaut. Hélas! n'est-ce pas là la funeste et fatale condition

[1] Eccli. XIV, 22-27.
[2] Prov. XXVII, 8.

d'existence de la plupart des foyers de notre temps? Et même peut-on dire que nos habitations de passage, devenues presque des hôtelleries, méritent le nom de foyers? Jusqu'à ce jour le mal avait été très atténué dans ses résultats, parce qu'il se limitait à une classe des plus circonscrites; et en tout cas il trouvait un remède dans la puissance qu'exerçait la tradition. Tel était l'empire de la coutume, inhérente au principe d'hérédité, que des familles non implantées dans le sol pouvaient posséder toutes les mœurs et la manière d'être de celles au milieu desquelles elles se trouvaient momentanément incorporées par l'exercice d'une profession ou d'une charge publique; et si, à cette bienfaisante influence venaient se joindre chez elles, comme chez les du Laurens, des croyances religieuses très profondes, un grand esprit de devoir, il n'était pas rare de les voir s'élever par le travail à une situation plus sûre et plus solide, lorsque les circonstances ne les exposaient pas à trop de risques et leur étaient favorables. On est frappé de rencontrer sous ce rapport des types bien remarquables, même chez des artistes; ainsi les Vanloo et les Vernet furent peintres de père en fils pendant plusieurs générations. Aujourd'hui, le principe d'hérédité étant renversé, ces heureuses exceptions ont disparu, et la masse tout entière est livrée plus que jamais à un état de désagrégation qui, en bas comme en haut, empêche quoi que ce soit de durable de vivre et de se perpétuer.

I

Testament de Loys Laurens, docteur en médecine[1].

« L'an 1574 et le seize du mois de décembre..., M. Loys Laurens, docteur en médecine, fils à feu Michel Laurens, natif du lieu de Pugnet en Savoye, franchise de Chambéry, diocèse de Grenoble, et à présent habitant de cette ville d'Arles..., voulant, pendant que luy est loisible, disposer et ordonner de ses biens, *tellement que, après sa mort, ne se vienne à mouvoir aucun procès, question ou débat*[2], à cette cause a fait

[1] Extrait des actes et contrats d'Antoine Nicolay, notaire à Arles, année 1574, f° 567.

[2] Cette formule, mise dans le préambule des testaments, en caractérisait un des buts essentiels. Dans les testaments latins du xve siècle, on lit : « *Ne inter succedentes oriatur questionis materia;* » — dans ceux du xvie siècle : « *Pour qu'après mon décès ne soient entre mes enfans et successeurs aucuns désordres, procès et débats, ains paix, amour et concorde.* » Denis Collavier, paysan ménager de Rognes, teste le 20 août 1663, « *afin de laisser le repos, paix et bénédiction parmi les siens.* »

son dernier testament nuncupatif et disposition finale de tous et un chascun de ses biens, comme s'en suit :

« Premièrement, iceluy M. Loys Laurens testateur, comme vray chrestien, se signant du signe de la saincte Croix et disant: *In nomine Patris, et Filii, et Spiritus Sancti, amen,* a recommandé son âme à Nostre-Seigneur Jésus-Christ, à la glorieuse Vierge Marie sa très sacrée mère, et à tous les saincts et sainctes du paradis, et a esleu sépulture à son corps, quand il plaira à Dieu l'appeler de ce monde en l'aultre, à sçavoir dans l'église du couvent des Prescheurs de la dicte ville d'Arles, et a prins (pris) de ses biens qu'il a plu à Dieu luy bailler, pour le salut de son âme et rémission de ses péchés, la somme de cent florins lesquels veult que soient despendus en funérailles, messes, charités [1] et aultres choses pies, à la discrétion de ses gagiers [2] cy après nommés.

« Item, iceluy testateur prélègue à damoyselle [3]

[1] Il n'est pas rare de trouver à cet endroit du testament la formule suivante : « *Et requiers les dits pauvres, auxquels se feront ces charités, de prier Dieu de me faire miséricorde.* »

[2] C'est-à-dire exécuteurs testamentaires.

[3] Voir sur cette qualification la note ci-dessus, p. 87.

Loyse de Castellan, sa femme bien aimée, les fruicts et usufruicts de tous et chascuns ses biens meubles et immeubles présens et à venir, où que ce soit, jusqu'à ce que ses fils cy après nommés soyent de l'âge de vingt ans chascun, à la charge et condition qu'elle soit tenue de nourrir et alimenter les enfans d'iceluy testateur, hormis M. Honoré Laurens, docteur ès droicts, et M. Charles Laurens, docteur en médecine.

« Item, prélègue à la dicte damoyselle Loyse de Castellan, sa femme, le lict de noyer qu'il a en sa chambre, garni de sa paillasse et du matelas, de ses traversiers, courtines et pendans, plus deux linceuls et deux couvertes de laine blanche, tant ainsy qu'est à présent garny.

« Item, par droict d'institution, lègue à Jeanne et Honorade Laurens, ses filles légitimes et naturelles, et à chascune d'elles, pour tous et un chascun des biens, droicts et actions qui leur compètent et appartiennent et leur pourront compéter et appartenir sur ses biens et héritages, par droict de nature, succession légitime, ou par quelque aultre droict que ce soit, la somme de six-cens escus d'or sol au coin du Roy, pour chascune d'elles, payables sçavoir : trois-cens escus à chascune le jour qu'elles viendront à solenniser mariage en la saincte Église, respectivement en un an ; — lors suivant, cent cinquante escus d'or sol à chascune d'elles ; — et, fini le dict an, en un aultre an, lors suivant, les restans cent cinquante escus aussy à chascune de ses dictes filles : — desquels six-cens escus iceluy testateur veult et ordonne qu'elles soient contentes et qu'elles ne puissent plus rien demander sur ses biens ; et en lesquels six-cens escus d'or sol il institue chascune des dictes Jeanne et Honorade Laurens, ses filles, ses héritières particulières.

« Et, en cas que aulcune des dictes Jeanne et Honorade Laurens vint à décéder en âge pupillaire ou aultrement, quand et comme ce soit, sans enfans légitimes et naturels, au dict cas iceluy testateur a institué et substitue la survivante d'elles pour la moitié et les hoirs d'iceluy testateur cy-après nommés pour l'aultre moitié. Et en cas que Jeanne et Honorade Laurens vinssent toutes à décéder sans enfans légitimes et naturels, au dict cas il a substitué et substitue à la dernière d'elles les dicts héritiers d'iceluy testateur en tous et un chascun ses aultres biens...

« Iceluy M. Loys Laurens testateur de sa certaine science faict, institue, constitue à ce et ordonne ses héritiers universels, lesquels de sa bouche vient à nommer, et veult que soient à sçavoir : *Honoré, Charles, Julien, André, Antoine, Richard, Jean et Gaspard Laurens*, ses fils légitimes et naturels, et la dicte damoyselle *Loyse de Castellan*, sa femme, par esgales parts et portions. Et au cas que aulcun de ses dicts fils vint à décéder en âge pupillaire ou aultrement, sans enfans légitimes et naturels, au dict cas il a substitué et substitue à tel ou tels ainsy mourans le survivant ou les survivans d'iceux. Et au cas que tous ses dicts enfans masles vinssent à décéder... sans enfans légitimes et naturels, au dernier d'eux ainsy mourans il a substitué et substitue les dictes Jeanne et Honorade Laurens ses filles. Et, quant à la part de la damoyselle Loyse de Castellan dans les biens et héritages d'iceluy testateur, il veult et ordonne que sa dicte femme en puisse faire et disposer à sa volonté.

« Veult et ordonne iceluy testateur que, où et quand MM. Honoré et Charles Laurens, ses enfans, auront le moyen de gagner leur vie de leur pratique, audict cas ils soyent tenus des fruicts provenant de leur part dudict héritage nourrir et alimenter aux estudes Jean et Gáspard Laurens, leurs frères, jusqu'à ce qu'ils soyent de l'âge de seize ans.

« Veult et ordonne iceluy testateur que, quand Julien Laurens, son aultre fils, aura moyen de gagner sa vie, au dict cas il soyt tenu des fruicts provenant de sa part du dict héritage, nourrir, alimenter et entretenir aux estudes Richard Laurens, son frère, jusqu'à ce qu'il soyt de l'âge de seize ans.

« Et à ce iceluy testateur, confiant en la prod'homie et bonne diligence de damoyselle Loyse de Castellan, l'a instituée tutrice, gouvernante et administratrice des personnes et biens de ses dicts enfans, jusqu'à ce qu'ils soient chascun de l'âge de vingt ans, sans rendre compte ni payer le reliquat. Et où et quand, par disposition de droict ou aultrement, la dicte damoyselle de Castellan fust contrainte de rendre compte et payer le reliquat à ses dicts enfans, au dict cas iceluy testateur lègue à icelle damoyselle de Castellan, sa femme, tout ce en quoy elle se pourroit trouver reliquataire et redevable à ses enfans susdicts[1].

[1] La dispense d'inventaire était stipulée autrefois dans tous les testaments. La mère de famille était si haut placée que, toujours, prohibition était faite à tous juges, officiers de justice et gens d'affaires, de lui demander aucun compte de son administration et de lui créer la moindre difficulté. Si, malgré ces intentions formelles, on s'avisait de la quereller, il était dit qu'elle aurait à titre de legs tout ce pour quoi elle serait recherchée. — *Les Familles*, t. II, chap. intitulé : « La mère de famille. »

« Iceluy testateur faict et ordonne (comme) gagiers et exécuteurs de son présent testament, sires Estienne de Mandon et Antoine Bijaudi du dict Arles, auxquels il a baillé plein pouvoir et toute puissance, après sa mort, de prendre de ses biens pour payer les légats par luy faicts touchant aux choses pies...

« Et moy, Antoine Nicolay, notaire du dict Arles, ay faict et publié le présent instrument en la chambre du dict testateur, présens M. Hostaci Brichet, chirurgien d'Avignon, sires Antoine Bijaudi, François Roque marchand, Loys Roquette bourgeois, Estienne Agard, Jacques Giraud, Guilhaume Deschamps marchand, Henry Fois tondeur, Laurens courdurier, du dict Arles. »

II

Testament de Loyse de Castellan [1].

« Au nom de Dieu soit. L'an mil-cinq-cens-nonante-huict, et le huictième jour du mois de septembre, régnant très chrestien prince Henry, par la grâce de Dieu roy de France et de Navarre, comte de Provence et seigneur d'Arles, sachent tous qu'il appartiendra que, par devant moy notaire royal soubsigné et les témoins soubs-nommés, damoyselle Loyse de Castellan, veuve relaissée à feu M. Loys de Laurens, en son vivant docteur en médecine et citoyen de la ville d'Arles..., pour garder qu'entre ses enfans et successeurs ne demeure occasion de contention pour raison de son héritage, a de sa bonne et libre volonté faict son dernier testament nuncupatif, contenant la

[1] Extrait des actes et contrats de François Blanc, notaire à Arles, année 1598, f° 271.

disposition et ordonnance finale de tous ses biens, ainsi et par la forme et manière que s'en suit :

« Premièrement, comme vraie et bonne chrestienne, elle s'est munie et ornée du signe de la saincte Croix, disant : *Au nom du Père, du Fils et du Sainct-Esprit, amen,* a recommandé son âme à Dieu le créateur, à Nostre-Seigneur Jésus-Christ, son Fils, aux invocations et prières de la Vierge Marie et des heureux saincts ; — et a ordonné, quand il plaira à Dieu l'appeler de ce monde, son corps estre ensevely dans l'église du vénérable couvent des Frères Prescheurs du dict Arles et au tombeau auquel le corps du dict sieur de Laurens, son mary, a esté inhumé.

« Elle a pris et voulu estre despendu de ses biens la somme de cent escus sol, à soixante soulx pièce ; desquels en a légué et lègue, pour l'honneur de Dieu [1] et en rémission de ses péchés, vingt escus au dévot couvent des Frères Capucins de l'Ordre de sainct François, vingt escus au monastère des nonaines (religieuses) recluses,

[1] Formule éminemment chrétienne, qui a été employée pour les legs pieux jusqu'à la révolution. Lorsque les testaments était écrits en latin, on disait : « *Honore* » ou « *Amore Dei, et in remissionem peccatorum.* »

quinze escus à l'hospital des pauvres du dict Arles, plus cinq escus au dict couvent des Frères Prescheurs...; — chargeant, moyennant ce, les Frères religieux du dict couvent de dire et célébrer une messe de mort le mercredy de chascune sepmaine, durant l'an de son décès. En oultre, elle lègue, de la dicte somme prise pour son âme, à l'œuvre [1] de l'église parrochiale de Sainct-Martin d'Arles, dont elle est paroissienne, cinq aultres escus, à la charge que les dicts ouvriers [2] seront tenus de faire dire et célébrer une messe de morts le vendredy de chascune sepmaine, à l'intention de son âme, durant l'an du décès d'icelle tant seulement. Et elle veult que tout le surplus des dicts cent escus soyt employé, tant à ses frais funéraires que à faire prier Dieu pour son âme..., tant au jour de son enterrement, *chanter* de la neuvaine [3] que du bout de l'an d'iceluy, le tout à la volonté et discrétion de

[1] C'est-à-dire à la Fabrique de la paroisse.

[2] C'est-à-dire les Fabriciens. — Au moyen âge on appelait *operarii, ouvriers*, les membres du conseil de Fabrique, qui avaient la charge des réparations et de l'entretien de l'église.

[3] *Chanter* est la traduction française du mot provençal *cantar*, alors très employé, et qui signifiait l'absoute, le service des morts, la messe chantée au bout des neuf jours.

sieur Pierre Doumet, bourgeois, et de Loys Roman, marchand d'Arles, qu'elle a esleus et nommés pour ses gagiers et pour exécuteurs du dict legs, leur baillant quant à ce et à chascun d'eux tout pouvoir requis et nécessaire.

« Davantage, la dicte dame de Castellan testatrice, esmeuc de dévotion, en rémission de ses péchés et de ses parens prédécédés [1], a légué et lègue au dict couvent des Frères Prescheurs d'Arles une pension annuelle et perpétuelle de

[1] Beaucoup de testaments portaient autrefois des legs semblables. Les familles gardaient alors fidèlement la mémoire des ancêtres; on priait pour eux au foyer, et on établissait à la paroisse des fondations perpétuelles, afin d'assurer dans l'avenir la continuation de ces prières. Voici une des formules les plus habituelles, au xve siècle : « *Pro salute et in redemptionem meorum peccatorum parentumque predecessorum, benefactorum, et omnium fidelium defunctorum.* »

Au xviiie siècle, un fils mentionne dans son Livre de raison qu'il fait dire chaque semaine une messe pour le repos de l'âme de son père. Il continue pendant bien des années l'accomplissement de ce qu'il considère comme un devoir religieux. Puis il ajoute : « Il n'y a point de fondation pour cela. Cependant je prie ceux qui viendront après moy de ne point manquer à faire dire cette messe toutes les semaines, sans prétendre néanmoins charger leur conscience, laissant cela à leur volonté et dévotion. » Livre de raison d'Antoine de Fresse de Monval, écuyer de la ville de Valensoles, commencé en 1704.

quatre escus quarante-huit soulx, qui luy est due par Jacques Angles, hoste du logis où pend l'enseigne du *Faulcon* du dict Arles, résultant du prix d'un jardin par luy acquis d'icelle, chargeant moyennant ce les religieux du dict couvent de dire et de célébrer dans leur église tous les dimanches et festes de Nostre-Dame, incontinent après que les vespres seront dictes, l'hymne dict *Inviolata*, tout au long, à haulte voix, avec l'oraison propre et ordinaire. Et, à cette fin qu'en soyt mémoire perpétuelle, veult que la dicte fondation soyt escrite dans le catalogue des aultres fondations du dict couvent, et défaillant les dicts religieux présens et futurs de célébrer la dicte fondation, en ce cas et non aultrement veult que soyt dicte et célèbrée dans l'église parrochiale de Sainct-Martin par le curé d'icelle, auquel, en ce cas, a légué la pension annuelle et perpétuelle de quatre escus quarante-huict soulx pour la dotation de la dicte fondation.

« Pareillement, elle a légué, pour l'honneur de Dieu, une pension annuelle et perpétuelle de deux escus vingt-quatre soulx à elle due par les hoirs à feu Marthe Gasconne de Tarascon, pour le prix d'un petit jardin qu'elle luy a vendu, laquelle veult que soit prinse et recouvrée par damoyselle Honorade de Laurens sa fille, femme de

M. Jehan de Barrême docteur ès droicts, et les successeurs d'icelle, pour estre baillée et expédiée à l'hospital des pauvres du dict Tarascon, auquel la dicte testatrice a légué la dicte pension...

« Elle a légué et lègue par droict d'institution particulière à damoyselles Jeanne et Honorade de Laurens, ses filles, et à damoyselle Loyse de Laurens sa fellezaine[1], fille de M. Honoré de Laurens, conseiller du Roy et son advocat général en sa Cour du Parlement de Provence, toutes les robes, ornemens, bagues et joyaulx, qu'elle se trouvera avoir le jour de son décès, pour les partager et diviser entre elles trois par égales portions.

« Elle a aussy légué et lègue par mesme droict d'institution particulière à damoyselle Loyse de Laurens, fille à feu M. Charles de Laurens, quand il vivoit docteur en médecine, son fils, la somme de cent escus sol, valeur que dessus, payables quand elle sera colloquée en mariage. Et, venant la dicte Loyse à décéder sans enfans procréés de vray mariage, luy a substitué aux dicts cent escus noble Pierre de Laurens son frère, fils du dict feu Charles.

« Et, considérant la dicte dame testatrice

[1] Petite-fille de la testatrice, et sans doute aussi sa filleule.

qu'elle doibt à M. Alexandre de Castellan, son nepveu paternel, trésorier général pour le Roy en Languedoc, la somme de deux-cens escus, pour reste de l'administration qu'elle a faicte de ses biens, comme appert par sa cédule, a voulu et ordonné que, lorsque le dict sieur son nepveu demandera payement des dicts deux-cens escus, ses hoirs soubsnommés luy demandent payement de son droict de légitime paternelle et maternelle ou supplément d'icelle, avec fruicts, pour en faire compensation, et, quittant luy les dicts deux-cens escus, au dict cas veult aussy que ses dicts hoirs ne luy puissent demander le dict droit de supplément de légitime ny fruicts, pour en faire compensation, l'en deschargeant entièrement à la condition susdicte.

« Et, pour ce que l'institution d'héritier est le chef et fondement d'un chascun testament, à cette cause la dicte dame Loyse de Castellan testatrice, en tous et chascun ses aultres biens meubles, immeubles, dettes, droicts et actions quelconques, présens et à venir, a faict, institué et ordonné ses héritiers universels, lesquels de sa bouche propre a nommés et nomme, sçavoir : *MM. Honoré de Laurens*, conseiller du Roy et son advocat général en la Cour du Parlement de Provence, *André de Laurens,* conseiller et médecin ordinaire du Roy, *Antoine et Richard de Laurens*, respectivement docteurs ès droicts et en médecine, le dict Antoine advocat en privé Conseil du Roy, et le dict Richard médecin résidant à Lyon; encores *R. Père Me Gaspard de Laurens*, abbé de l'abbaye de Sainct-Pierre de Vienne, avec *messire frère Jehan de Laurens,* religieux de l'Ordre des Capucins, tous ses enfans, et finalement le dict *Pierre de Laurens,* son fellezain [1], fils et représentant la personne de feu Charles son père, et ce par esgales parts et portions. Et, considérant la dicte dame testatrice que les dicts Pierre et Loyse ses fellezains, enfans du dict feu Charles, sont en bas âge et pupillarité et qu'ils pourroient perdre et dissiper beaucoup de leurs biens et substance [2], pour obvier à ce, et confiant à la loyaulté

1 Petit-fils.

2 Cette préoccupation se trouve exprimée dans presque tous les testaments. Les chefs de famille veulent défendre, contre le péril d'une jouissance trop prompte de leur fortune, non seulement ceux de leurs fils qu'ils laissent en bas âge, mais aussi leurs petits-fils, lorsque ceux-ci ont eu le malheur de perdre leur père.

Louise de Castellan se sert ici d'une formule qui ne détermine aucune limite d'âge; mais cette limite était presque toujours fixée à 25 ans.

Louis Laurens a fait une exception à la règle; et cela s'explique, lorsqu'on voit quelles obligations il a imposées aux et diligence de M. de Barrême son beau-fils, l'a esleu et establi tuteur et administrateur de leurs biens, jusqu'à ce qu'ils soyent en âge compétent. La dicte dame recommande la personne de la dicte damoyselle Loyse tant au sieur de Barrême qu'à damoyselle Honorade sa fille, femme d'iceluy, et la personne du dict Pierre à sieur François Gleize bourgeois, son beau-fils, et à damoyselle Jeanne de Laurens sa fille, femme d'iceluy, les priant respectivement d'avoir soin des dicts enfans, de leur faire apprendre et de les instruire en toute vertu, mesme le dict Pierre en l'exercice des bonnes lettres, payant leur nourriture et entretien des fruicts de leur bien.

« Charge la dicte dame testatrice ses enfans, qui seront près d'elle au dernier de ses jours, de l'adsister de deux prestres les plus suffisans qu'ils pourront trouver pour son âme.

« Déclare la dicte testatrice, pour le deschargement de sa conscience, qu'elle doibt à damoyselle Honorade de Laurens, sa fille, cent escus pour reste du doct qu'elle luy a constitué, chargeant ses hoirs de payer les dicts cent escus à sa fille.

plus âgés de ses fils, en les mettant dans la nécessité de travailler pour aider leurs plus jeunes frères à achever leurs études.

« Ordonne la susdicte testatrice que ce soyt son dernier testament nuncupatif, lequel a voulu valoir par droict de testament, et, s'il ne valoit pas par ce droict, ordonne que vaille par droict de codicille, donation à cause de mort et par toute autre disposition de dernière volonté que mieux pourra valoir, cassant et révoquant en vertu du présent tous aultres testamens... A requis et requiert les témoins soubsignés, par elle recogneus et nommés, vouloir de ce dessus estre mémoratifs pour en porter tesmoignage, s'ils en estoient requis, et moy notaire d'en prendre note et instrument, pour en bailler et expédier un ou plusieurs aux dicts hoirs, légataires et aultres qu'il appartiendra.

« Fait et récité à Arles, après-midy, dans la chambre joignant la galerie de la maison d'habitation de la dicte dame testatrice. Présens MM. Pierre Doumet, Guilhaume Gleyze docteur ès droicts, Pierre Gleyze bénéficier de la saincte Église d'Arles, Antoine Agard maistre orfèvre, Pierre Boris, Me Masson, Jehan Beraud cordonnier, François Martin à feu Trophime bourgeois, et Jehan Pougnet, tesmoins à ce appelés. »

APPENDICES

TROIS DES FILS DU LAURENS

APPENDICES

Le trait qui a distingué au plus haut degré les divers membres de la famille, objet de nos études, est l'énergie du ressort individuel. Cette énergie, d'où leur venait-elle? sinon de la forte trempe que leur avait donnée l'éducation.

« *L'éducation,* a dit Joubert, *doit être tendre et sévère, et non froide et molle.* »

Ce sont les fruits de cette éducation que nous voudrions achever de faire connaître, en consacrant une notice à ceux des fils du Laurens, des huit docteurs, qui jouèrent le plus grand rôle et dont la vie offre le plus d'intérêt.

La première place appartient à l'aîné, *Honoré :* la magistrature de la fin du xvie siècle entre avec lui en scène. Puis nous nous occuperons d'*André,* le médecin de Henri IV, qui représente le monde de la science; et enfin de *Jean,* en religion le Père Jérôme, dans lequel se personnifie l'apostolat chrétien.

PREMIER APPENDICE

HONORÉ DU LAURENS

Sa vie et ses mercuriales au Parlement de Provence.
(1554-1612)

PREMIER APPENDICE

HONORÉ DU LAURENS

I

Un ancien ligueur et Henri IV.

Honoré du Laurens a été une des personnalités les plus marquantes de la Provence, à la fin du XVIe siècle. Il ne fut pas seulement grand magistrat, il fut aussi homme politique, et l'histoire nous montre en lui un des chefs du parti ligueur.

Avocat général au Parlement d'Aix, il se plaça à la tête de la fraction de ce corps qui ne voulut pas reconnaître l'avènement d'un Roi hérétique. En 1586, il publia à ce sujet tout un manifeste dans un livre intitulé : *Panégyrique de l'Hénoticon, ou édit de Henri III, roi de France et de*

Pologne, sur la réunion de ses subjects à l'Église catholique, apostolique et romaine[1].»

Plusieurs missions importantes lui furent confiées. Il fut député par la Provence aux seconds États de Blois en 1588, puis en 1591 à Rome, où il demanda des secours au Pape. En décembre 1591, il prit part aux États Généraux tenus à Reims, et en janvier 1593 à ceux que le duc de Mayenne convoqua à Paris. Il fit même l'ouverture de ces derniers comme président du Tiers-État. Des conférences ayant été ouvertes à Suresnes pour un accommodement, en avril et en mai 1593, il y représenta son Ordre, et il raconta plus tard l'histoire de ces négociations mémorables, dans un ouvrage devenu très rare, bien qu'il ait été réimprimé.

On sait qu'au moment où les conférences allaient se rompre, Henri IV se déclara prêt à appeler près de lui des docteurs autorisés pour se faire instruire dans la religion catholique, et que deux mois après, le 25 juillet, son abjuration fut le signal d'une pacification qui remplit la France de joie.

Alors, Honoré du Laurens, satisfait dans sa foi, donna un des premiers l'exemple d'un retour

[1] Aix, Guillaume Maillou.

sans réserve au prince qu'il avait combattu. Non content de se réconcilier avec Henri IV, il eut alors avec lui des relations personnelles. Quelques années après, en 1598, il était nommé premier président du Parlement de Provence. Le Roi de France oubliait les injures du Roi de Navarre; mais, de son côté, l'ancien ligueur devait prouver à quel point l'ambition avait été étrangère à l'ardeur de son opposition. « Je luy ai vu refuser, dit Jeanne, ce que tout jeune il s'estoit présagé avoir à Paris, parlant à mon frère Charles... »

Depuis la mort de sa femme, il s'était retiré du monde et vivait en religieux. Déjà, à cette époque, raconte un historien provençal [1], « il estoit dans la compagnie des Pénitents blancs des Carmes, à Aix, un rare exemple d'une grande dévotion et d'une piété singulière, portant toujours la croix à pieds nus, dans les processions publiques [2]. » Bientôt après, il se démettait de

[1] Pitton, *Annales de la sainte Église d'Aix*, p. 246.

[2] Des magistrats des Cours souveraines faisaient partie de ces pieuses confréries, dont le nom caractérise le but et l'origine, et où des personnes de tout rang se trouvaient confondues sous le même costume. Les pénitents se couvraient de sacs en grosse toile, percés de deux trous à la hauteur des yeux. — V. plus haut, p. 96, sur le même sujet le testament de Richard du Laurens.

sa charge d'avocat général, et, âgé de quarante-cinq ans, il se consacrait à Dieu dans le sacerdoce.

Mais Henri IV ne le perdait pas de vue. Un jour, François Dupérier, l'ami de Malherbe, envoyé à Paris en mission par la Provence, se trouvait à la Cour : « *Que fait le bonhomme Laurens?* lui demanda le Roi. *Il estoit grand ligueur, fort contre moi; mais je ne luy en sais point mauvais gré, il ne le faisoit pas pour les Guise, mais pour la religion* [1]. » Et, quelque temps après, il le nommait à l'archevêché d'Embrun, qui était vacant.

Jeanne nous a fait assister aux luttes qui furent alors soutenues contre Honoré pour le décider à accepter : « Il disoit qu'il estoit indigne de cette charge, et qu'il avoit assez à faire à gouverner son âme sans conduire celles des autres. » Mais elle omet un détail : son frère se déroba aux honneurs qui venaient le chercher, il s'enfuit à Rome et s'y cacha si bien qu'il n'y fut reconnu que par hasard. « Pour lors, ajoute Pitton, le Pape l'obligea à subir le joug, et il fust à Paris [2]. » Là il revit Henri IV, non plus comme

[1] Cette anecdote est racontée par François de Cormis, dans une curieuse correspondance dont il est parlé plus loin.

[2] *Annales de la sainte Église d'Aix*, p. 245.

en 1593, au milieu de la lutte, mais dans les splendeurs de la paix, de cette paix longtemps si désirée, que l'accord du souverain et de la nation avait rendue à la France[1]. S'étant présenté à lui : « *Faites-moy désormais autant de bien que vous avez voulu me faire de mal,* » lui dit le Roi.

Et le Roi ne se borna pas à ce témoignage d'amitié, il écrivit au cardinal Aldobrandini, pour que les bulles pontificales fussent expédiées *gratis* au nouvel archevêque, dont la charité envers les pauvres avait épuisé les ressources, et qui allait évangéliser des populations ruinées par de longues guerres civiles.

S'il fallait en croire les historiens de la Provence, Honoré du Laurens aurait manifesté, dix années après, son dévouement pour Henri IV, dans des circonstances mémorables. Se trouvant à Paris lorsque fut commis l'attentat de Ra-

[1] Sully disait, plus tard, au sujet de l'œuvre de rénovation dont il avait été le témoin et aussi un des auteurs de 1593 à 1610 :

« Il sembloit que, sortant d'un vieil et ténébreux monde, tout rempli de ruines, dégats, meurtres, occisions, troubles, guerres, haines et combustions, nous venions à entrer dans un nouveau monde, tout esclatant de belles lumières, de paix, de concordes, réconciliations, douceurs, œconomies et mesnagemens... » — *Sages et royales Œconomies d'Estat de Henry le Grand,* t. II, p. 3.

vaillac, il aurait eu le temps de se jeter dans le carrosse du Roi et de lui donner l'absolution. Le fait de l'absolution donnée est plus que douteux. Pierre de l'Estoile se montre très incrédule à propos d'un certain discours, alors publié, « par lequel l'archevesque d'Embrun auroit confessé et exhorté au Louvre le Roy, qui, tout mort qu'il estoit, auroit eslevé les yeux et les mains en haut, témoignant par là qu'il mouroit vrai chrestien et bon catholique. »

Honoré du Laurens fut pendant douze ans un véritable apôtre dans les montagnes de l'Embrunois, et son épiscopat y a laissé d'impérissables souvenirs. Sa sœur nous a parlé de ses visites faites à pied, de ses prédications incessantes et des conversions nombreuses qui répondirent aux efforts de son zèle. Un père jésuite nommé Fournier, auteur d'une histoire manuscrite de l'archevêché d'Embrun, a écrit à son sujet : « Depuis saint Marcellin, premier évêque de cette ville en l'an 310, et saint Pelade qui vivait l'an 513, il ne s'est pas présenté de personnage en l'archevesché d'Embrun qu'on puisse plus assurément qualifier du nom de saint[1]. »

[1] *Histoire chronologique de Provence,* par Honoré Bouche, t. II, p. 840.

Il était allé à Paris en 1612, pour y prononcer l'oraison funèbre de Marguerite d'Autriche, femme de Philippe III, roi d'Espagne, lorsqu'il dut y subir l'opération de la pierre. Il en mourut, le 24 janvier, moins de deux ans après Henri IV.

II

La réforme morale au palais, à la fin du XVIe siècle.

Honoré du Laurens nous a laissé une preuve bien remarquable de l'esprit de réforme morale qui, personnifié dans des familles exemplaires et soutenu par des institutions encore respectées, devait préparer toutes les grandeurs de la première moitié du XVIIe siècle.

Jeanne nous a dit comment son frère aîné fut tancé vertement à Paris par son cadet, lorsqu'il y achevait ses études, parce qu'il manquait à tous ses devoirs et ne travaillait pas. Nous savons l'admirable réponse qu'Honoré fit aux remontrances fraternelles de Charles, la résolution qu'il prit dès lors « de se peiner », pour se rendre vertueux et apte à faire son chemin dans le monde. Or ce frère aîné, devenu avocat général du Roi, eut, le 2 octobre 1598, à présenter au Parlement d'Aix, sous le nom de *mercuriale*, des remontrances d'un autre genre, celles auxquelles l'obligeait sa charge. C'est un document curieux sous bien des rapports. Quelques extraits que nous allons lui emprunter ne seront pas ici déplacés, d'autant plus qu'en montrant à quelle hauteur s'élevaient chez Honoré du Laurens les inspirations de sa foi, ils nous initieront quelque peu à la discipline du palais.

Cette discipline ressemblait beaucoup à celle de la famille, et elle procédait directement de la religion.

« Nous ordonnons, portait l'article 130 de l'édit de Villers-Cotterets (août 1539), que les mercuriales se traiteront de mois en mois, et que par icelles seront pleinement déduites les fautes des officiers de nos Cours, de quelque ordre et de quelque qualité qu'ils soient, sur lesquelles fautes sera incontinent mis ordre par nos dites Cours, et sans retardation ni délai. »

— « Les mercuriales, disait le procureur général Raymond de Piolenc, sont la police et discipline très ancienne de laquelle usa Nostre-Seigneur Jésus-Christ, le sainct jour de dimanche, en l'isle de Pathmos, à l'endroit des évesques établis en les sept Églises de l'Asie Mineure. Dieu leur fist entendre, par son disciple bien-aimé, encore qu'ils fussent dignes du nom et du titre d'anges, qu'ils corrigeassent leurs fautes et procédassent à la réformation de celles commises en leurs Églises [1]. »

La coutume s'était établie de tenir ces assemblées le mercredi : de là l'origine du mot. Les compagnies judiciaires se réunissaient sur une convocation toute spéciale, et les gens du Roi venaient proposer les mesures à prendre pour la bonne observation des devoirs professionnels. Les assistants y formulaient leur avis, et tout se terminait par des résolutions ou règlements dont le Roi et le chancelier étaient informés, ou qu'ils avaient à ratifier, si leur autorité était en cause.

Il est intéressant de voir les qualifications qui étaient données aux mercuriales. On les appelait « des remonstrances domestiques, familières et fraternelles ». L'idée de famille et la pensée religieuse constituaient l'esprit, la vie, tout le fond de l'institution ; celle-ci disparut avec les mœurs chrétiennes et la discipline du foyer.

« *Nous devons louer Dieu de la faveur qu'il nous fait de juger entre nous nos fautes,* » dit un conseiller, le 21 juin 1546. — « *Nous sommes sub-*

[1] Mercuriale du 9 avril 1584 au Parlement de Provence.

jects, observe un autre, *à faillir* verbo et acto. *Par la mercuriale, on satisfait à plusieurs qui se pensoient offensés, et aucuns qui estoient ennemis deviennent amis.* » Sur quoi le président François La Font conclut « *qu'il ne sauroit luy aussy assez louer Dieu de la mercuriale, pour avoir entendu les propos mis en avant, qui estoient bien nécessaires; que les membres du Parlement sont comme des religieux en Chapitre, et qu'ils doivent être corrigés par eux-mêmes*[1] ».

Arrêtons-nous à ces derniers mots : « Les membres du Parlement doivent être corrigés par eux-mêmes. » N'est-ce pas là ce que les Anglais ont formulé dans un terme consacré : « le *self government.* » Se gouverner soi-même, voilà la première condition de la liberté, et hors de là il n'y a pas d'institutions vraiment libérales. S'il est nécessaire que les agents de l'État interviennent par la contrainte, et fassent sentir aux moindres degrés de la hiérarchie sociale un contrôle vexatoire et blessant, une nation n'est plus digne que du despotisme, et, sous quelque nom qu'il s'impose, elle le subira. Pensons que nous sommes aujourd'hui sur cette pente. « Les portions diverses de la France antique, a dit Augustin

1 Mercuriale du 21 juin 1546.

Thierry, jouissaient de la vie sociale à divers titres; partout on y voyait des traces de jugements par les pairs, d'élections de magistrats, de contributions volontaires, d'assemblées délibérantes, de décisions prises en commun. Mais les parties de la France actuelle sont inanimées, et le tout n'a qu'une vie abstraite, et en quelque sorte nominale, comme serait celle d'un corps dont tous les membres seraient paralysés[1]. »

Laissons encore parler quelques-uns des acteurs de ces mercuriales.

En 1565, au milieu des troubles religieux, un président dit :

« *Je désire que les mercuriales soient continuées, selon le vouloir du Roy et suivant les ordonnances, et pour l'exemple, parce que, quand le peuple cognoistra que messieurs de cette Compagnie se corrigent entre eux et usent de corrections fraternelles, les subjects auront occasion de les révérer et de demeurer en crainte et obéissance. Car, sans correction et mercuriale, les Parlemens ne sauroient retenir ni contenir leur gravité, splendeur et autorité*[2]. »

1 *Dix ans d'études historiques*, 1847, p. 292.
2 Mercuriale du 31 janvier 1565.

En 1570, François d'Ulme, celui-là même dont Honoré du Laurens allait devenir le gendre, insiste sur les devoirs des supérieurs à l'égard des inférieurs :

« *Pour autant que les Estats d'une province regardent tousjours à la bonne vie et conversation des magistrats souverains, requérons que tous mauvais exemples n'ayent point lieu en ceux qui sont de ce corps. Comment pourra-t-on corriger les autres des vices dont nous sommes atteints*[1] *?* »

Cette mercuriale occupa le Parlement pendant cinq séances, les 24, 27 et 31 janvier, les 1er et 4 février. Un président, Louis de Coriolis, prit la parole en ces termes :

« *Je confesse n'avoir gardé le rang de sévérité requis en l'estat de membre d'un tel corps. Je dois tout le premier me chastier moy-mesme... Il faut que messieurs les présidens, comme les premiers chefs et conducteurs d'ordre policé, soient les premiers à monstrer le chemin et sentier de tel honneur, respect et autorité, suivant leur rang...*

[1] Mercuriale du 18 janvier 1570.

Estant conseiller, je confesse n'avoir fait honneur à messieurs les présidens, comme il appartenoit, et j'eusse bien pris plaisir alors que quelqu'un me l'eust remonstré, et je voudrois bien qu'on me remonstrast, à présent, si je faillissois en quelque endroit aux devoirs de mon estat. »

Lorsque ces choses-là se disaient avec de tels accents dans des assemblées si solennelles, les hommes, pas plus qu'aujourd'hui, n'étaient des anges. Ils avaient leurs passions, leur orgueil, leur égoïsme, leurs faiblesses ; ils avaient même plus que nous une pleine sincérité jusque dans leurs fautes et leurs erreurs, et, comme Agrippa d'Aubigné le disait, parlant à ses enfants en tête de ses Mémoires [1], ils ne craignaient pas « de les montrer toutes nues ». Mais ces magistrats étaient religieux; et, s'ils étaient haut placés, si, selon leur belle expression, ils se trouvaient être les

[1] « Mes enfans, voicy le discours de ma vie en la prévauté paternelle. Ne pouvant rougir envers vous, ni de ma gloire, ni de mes fautes, je vous conte l'un et l'autre, comme si je vous entretenois encore sur mes genoux. Je désire que mes heureuses et honorables actions vous donnent de l'envie, pourvu que vous vous attachiez plus exprès à mes fautes, que je vous découvre toutes nues. » — *Mémoires d'Agrippa d'Aubigné,* publiés par M. Ludovic Lalanne.

premiers membres de leur corps, ayant à se faire respecter comme *des chefs et conducteurs,* ils reconnaissaient sans détour qu'ils devaient être les premiers à montrer à leurs pairs, et surtout au peuple, le chemin de l'honneur et de la vertu. C'est ainsi que les classes dirigeantes d'un pays méritent de se sauver et de le sauver, quelles que soient les difficultés des temps où elles pratiquent de la sorte une sévère discipline sur elles-mêmes. Certes le XVIe siècle fut une époque de terribles commotions et de profonds déchirements ; et cependant, nous le voyons, on savait encore y faire son *mea culpa;* tous les partis avaient à faire le leur, et la France ne revint à la paix, sous Henri IV, que par la puissance de l'esprit chrétien, qui rapprocha tant de cœurs ulcérés et d'intérêts contraires.

Nous ne résistons pas ici au plaisir de citer une page où se traduisent les mœurs judiciaires de l'époque de Louis XIII. Elle va nous faire admirer l'épanouissement de la réforme qu'avait concouru à préparer Honoré du Laurens. Cette page nous est fournie par la correspondance d'un jurisconsulte provençal, qui avait connu à Aix les derniers représentants de la vieille magistrature.

« Les magistrats, disait-il, n'estoient vus en

ville qu'aux rues qui conduisent au palais ; et ils vivoient chez eux en si grande simplicité, qu'au feu de la cuisine, quand le mouton tournoit à la broche, le mari se préparoit pour le rapport d'un procès, et la femme avoit la quenouille.

« La plupart n'avoient point de fiefs, et les droits seigneuriaux n'estoient point favorisés comme ils l'ont esté depuis...

« Les juges estoient alors si respectés, que ceux de leur connoissance se joignoient à eux pour les accompagner dans les rues, quand ils alloient au palais ou à l'église. Il n'y avoit point alors de cours d'Orbitelle, ni aucun autre, qui pût les dissiper. A la place des Prescheurs, les jeunes se montroient quelquefois aux ailes ; et, quand ils estoient en manteaux et voyoient venir l'avocat général de Cormis, ils s'enfonçoient dans les boutiques. Quand ce magistrat s'en apercevoit, il y entroit, et, les regardant bien sous le menton, il leur disoit d'amitié, les voyant sans robe : « *O le biou cadet*[1] *!* » et leur faisoit confusion.

« Les jeux publics et les assemblées leur estoient inconnus. Du temps de M. du Vair, un conseiller fut luy demander l'assemblée des Chambres, pour un soufflet qu'il avoit reçu. M. du Vair répliqua :

1 « O le beau cadet ! »

« *Un soufflet! qui est cet insolent? Il en perdra la main. Je compatis à votre malheur, Monsieur, demain vous aurez satisfaction.* » Comme il se retiroit, M. du Vair luy dit : « *Où est-ce que vous avez reçu cet affront? — Monsieur, ce fut hier au soir, au bal, chez madame X. — Au bal,* » répliqua M. du Vair, « *un conseiller au bal! Si vous eussiez esté dans vostre cabinet, cela ne vous seroit pas arrivé. Adieu, Monsieur, n'en parlez plus*[1]. »

Au XVIIIe siècle, une des douleurs de d'Aguesseau était d'assister à l'effacement complet de cette vénérable magistrature : « Que sont devenues ces assemblées, si sagement établies, où le juste venait rendre compte de sa justice même, et où l'attention à relever les fautes légères faisait que les grandes étaient inconnues? A quoi les réduisons-nous? A peine en conservons-nous encore le nom et l'apparence. Les fonctions les plus sérieuses de la magistrature ont dégénéré en une vaine cérémonie. La gloire de l'orateur nous

[1] Cette citation est extraite d'une curieuse correspondance, échangée pendant la peste de 1720, entre François de Cormis et Pierre Saurin, tous deux avocats à Aix, et dont nous avons publié des fragments sous ce titre : *L'ancien Barreau du Parlement de Provence;* Paris, Durand, 1862.

fait presque oublier le devoir du censeur... Que servent les discours? que servent même les lois, si les mœurs n'y répondent[1]? »

« Nous sommes nés, disait-il encore, dans un siècle où la généreuse liberté de nos pères est traitée d'indiscrétion, *et où les hommes étant devenus également incapables de supporter les maux et leurs remèdes, la censure est inutile... Pour réformer l'homme, il faut être au-dessus de l'homme même...* [2]. »

D'Aguesseau était un excellent chrétien, mais beaucoup de ceux auxquels il s'adressait ne l'étaient plus que de nom. Ce qui se passait au palais avait commencé par se produire au foyer domestique. « On manque aujourd'hui à tous ses devoirs par maxime, écrivait Mme de Maintenon. C'est là le grand changement et la grande corruption du siècle. On dit que la vie n'est donnée que pour se divertir, qu'il ne faut point se contraindre, qu'un mari ne doit point se soucier de la réputation de sa femme, de la conduite de ses enfants et de la règle de sa maison[3]. »

1 *De la Discipline,* mercuriale prononcée en 1715.

2 *De la Censure publique,* mercuriale prononcée en 1699.

3 *Conseils aux demoiselles,* publiés par M. Th. Lavallée, t. I, p. 144.

Soyons bien convaincus que la société française ne s'est point jetée par un simple accident dans les abîmes révolutionnaires, et qu'elle n'y reste pas aujourd'hui sans motifs. Il y a toujours un aveuglement qui persiste sur les causes profondes de notre état de désorganisation; et c'est à cet aveuglement qu'il faut s'attaquer : il est temps que notre génération sache comment et par quelle forte discipline morale ont vécu jusqu'à nos jours les peuples vraiment libres et prospères.

Cela dit, donnons la parole à Honoré du Laurens; nous laissons de côté les articles de ses remontrances qui sont étrangers à notre sujet, et nous ne nous attachons qu'aux parties où il est traité de la religion et des mœurs.

Extraits de la *Mercuriale* proposée, le 2 octobre 1598, au Parlement de Provence, par M. Honoré du Laurens, avocat général du Roi.

I. — *Rendre d'abord à Dieu l'honneur qui lui est dû.*

« Premièrement, la vraie mercuriale et réformation doit commencer en ce qui regarde l'honneur de Dieu, lequel estant en premier recherché, toutes les autres choses seront après abondamment adjoustées en la lumière de vérité.

« Et, par ce, nous supplions la Cour qu'aux occasions qui se présenteront où il y va du service de Dieu..., y apporter le zèle et affection qui sont requis, afin que la piété et la religion puissent, par la grâce de Dieu et par les soins et vigilance des magistrats, estre maintenues en leur intégrité et de plus en plus augmentées en cette province.

« Il n'y a rien de plus sérieux et important que le serment solennel qui se preste à l'ouverture du Parlement. Combien que la gravité de l'acte admoneste assez tous Messieurs, avec quelle crainte et révérence religieuse il faut s'y présenter, toutefois il semble qu'il seroit fort à propos de commencer l'acte par l'invocation de la grâce de Dieu, ouïr la messe, et au sortir d'icelle prester le serment, le faire prester aux officiers inférieurs, advocats et procureurs.

« Comme aussi qu'il plust à la Cour et à M. le doyen de faire remettre l'ancienne et louable coustume de faire célébrer la messe à l'entrée et encore à l'issue, pour ceux de Messieurs qui auroient esté présens...

« C'est une belle édification au peuple de voir les magistrats donner l'exemple de piété et de dévotion, se trouver les jours de dimanche et festes à l'église cathédrale ou autres, à la grand'messe, à la prédication ou vespres, et y adsister avec révérence... Supplions Messieurs d'y prendre garde et monstrer au peuple par leur exemple la révérence qu'ils doivent à la maison de Dieu et à son service.

« L'on a remonstré souvent qu'au temps de carême l'heure de dix heures à onze est fort incommode pour l'expédition de la justice, et d'ailleurs empêche qu'on ne se puisse trouver aux prédications, ni Messieurs ni leurs poursuivans. Sur quoy nous avons obtenu lettres patentes du Roy, pour avoir permission d'entrer à six heures et de sortir à dix, qu'est chose fort importante à la piété et à la religion...

« Ordonnons aussy que les buvettes cesseront aux jours de jeûne, afin de ne donner scandale au mespris des commandemens de l'Église.

II. — *Veiller à l'instruction de la jeunesse.*

« Après l'honneur de Dieu, il n'y a rien de plus digne du soin des magistrats que l'instruction de la jeunesse. Pour l'advancement de celle-cy, il plaira à la Cour d'affectionner le collège de cette ville..., et faire que Messieurs se trouvent aux disputes, déclamations et autres exercices de lettres, pour donner courage aux escoliers et tenir en leur devoir les précepteurs et régens.

III. — *Garder l'union et la paix dans la Compagnie.*

« Pour le fondement de toute bonne police et discipline, en un corps si illustre, plein de dignité et d'autorité, il est nécessaire y avoir bonne union et intelligence entre les membres d'iceluy, afin que, comme il n'est qu'un corps, il n'ait aussy qu'un esprit brûlant d'embrasser le service de Dieu, celui du Roy et le bien des subjects, comme il en estoit de ce sacré Collège et Compagnie des premiers chrestiens qui n'estoient qu'un cœur et qu'une âme. Ainsy Dieu, qui adsiste au milieu des juges, leur despartira encores plus de grâces et bénédictions, quand il verra chez eux la paix et une fraternelle charité. Et, outre ce, leur corps fortifié de cette saincte et parfaite union se maintiendra en son lustre et autorité, et maintiendra les autres Ordres de la province.

« Par ce, Messieurs seront exhortés d'embrasser de sincérité de cœur cette fraternité et amitié, et de se rendre honneur et respect.

IV. — *Les plus jeunes doivent respecter et honorer les anciens.*

« Il est encore nécessaire, pour entretenir le respect et l'amitié, de se rendre, dedans le palais et dehors, l'honneur réciproque qui est dû des plus jeunes aux plus anciens, et par tous à Messieurs les présidens, et renouveler ces belles cérémonies anciennement observées, de se lever quand les sieurs présidens entrent dans la Chambre, faire la révérence et salutation les uns aux autres, et témoigner par cet extérieur quelle estime ils font de la majesté du lieu où ils s'assemblent, pour exercer une fonction si divine et excellente.

V. — *Donner le bon exemple.*

« Ceux qui ont cet honneur d'exercer des charges si importantes devroient penser qu'ils représentent l'honneur du Roy et de la chose publique et qu'ils sont débiteurs aux subjects du Roy d'un bel exemple, vu que le plus beau règlement pour induire ceux-cy à la vertu est celuy qui est pris de leur exemple, et que le plus souverain arrêt pour les y contraindre est en l'imitation de leurs actions et déportemens. Pour ce, en l'Escriture saincte, leurs actions sont appelées « lampe, flambeau, lumière », la lueur desquelles sert à la gloire et à la majesté de Dieu.

« Et, par ainsy, nous requérons que Messieurs soient admonestés de prendre garde qu'on ne puisse remarquer chose répréhensible, tant que faire se pourra, en leurs paroles, actions et conversations, tant au palais qu'en leurs maisons, ni se trouver aux bals, danses et autres lieux aliénés [1] de leur rang et dignité, ni permettre que les bals et les jeux se tiennent en leurs maisons...

« Outre la satisfaction de leur conscience, ils conserveront le respect qui leur est dû et qui dépend principalement de l'opinion de leurs mérites, vertu et intégrité; comme, au contraire, il n'y a crime plus détestable devant Dieu que le scandale qui se prend de la vie des magistrats [2]...

[1] Qui ne conviennent pas à....

[2] « Il s'en faut peu que la religion et la justice n'aillent de pair dans la république, et que la magistrature ne consacre les hommes comme la prêtrise. L'homme de robe ne saurait guère danser au bal, paraître aux théâtres, renoncer aux habits simples et modestes, sans consentir à son propre avilissement, et il est étrange qu'il ait fallu une loi pour régler son extérieur et le contraindre ainsi à être plus grave et plus respecté. » La Bruyère, *Les Caractères*, De quelques usages.

VI. — *Regarder la salle du Conseil comme un lieu saint et s'y comporter avec respect.*

« Pour la justice qui se rend en la Chambre du Conseil, nous supplions la Cour de restablir l'ancienne discipline...

« Que Messieurs entrent en icelle comme en un lieu sainct, et consacré par la présence de Dieu et représentation de la majesté du Roy. Que chascun y entre avec respect et révérence, prenant son rang et siège, et demeure en iceluy durant le temps de l'expédition de la justice, sans changer de place, ni sortir de la Chambre que par urgente nécessité, y estant comme en une école de modestie, y gardant le silence, ne parlant d'autre chose que de la justice, ne consumant le temps en discours inutiles et de nulle édification.

« Quand se présente quelque affaire d'importance qui puisse servir de loy aux advocats consultans, y procéder avec poids et considération, la Chambre assemblée.

« Aux opinions, prester attention, estre bref et substantiel, s'écouter bénignement, débattre les opinions par raison, sans tumulte, passion ni contention, sans dire des paroles qui puissent altérer le respect et l'amitié. . . . .

. . . .

« Quant à nous, librement et ingénuement, reconnoissant nostre fragilité et impuissance, et, d'autre part, le poids et la grandeur de nos charges ès quelles nous commettons et pouvons commettre plusieurs fautes et omissions, supplions la Cour de nous honorer de sa faveur et n'espargner les remonstrances et représentations en ce qu'elle jugera que nous avons failli; et nous les recevrons avec l'humilité, soumission et obéissance que nous luy devons.

« Requérons que cette mercuriale soit promptement jugée sans interruption, les Chambres assemblées, à la coustume, et envoyée au Roy et à Mgr le Chancelier. »

DEUXIÈME APPENDICE

ANDRÉ DU LAURENS

Extraits de son livre sur la *Conservation de la vue.*
(1598)

DEUXIÈME APPENDICE

ANDRÉ DU LAURENS

Si occupé qu'il fût par son service auprès de Henri IV, André du Laurens écrivit en latin de nombreux ouvrages d'anatomie et de médecine, qui lui valurent une grande renommée. Tous ont vieilli, et ils ne sauraient plus offrir qu'un intérêt d'érudition. Ce n'est pas le lieu de les énumérer; on les trouvera relatés dans l'*Encyclopédie des sciences médicales* (Paris, 1840).

Une traduction française en fut faite, du vivant de l'auteur, par un médecin de Dieppe nommé Théophile Gelée; et le libraire Mettayer, l'éditeur du *Théâtre d'agriculture et Mesnage des champs*, d'Olivier de Serres, la publia en 1613, sous ce titre: « *Œuvres de M. André du Laurens, seigneur de Ferrières, conseiller et premier médecin du très chrestien Roy de France et de Navarre, Henry le Grand.* »

Le volume est un in-folio. Théophile Gelée le décora, selon les habitudes d'alors, de toute une moisson de sonnets. Dans l'un de ces sonnets on voit évoqués « les mânes du grand du Laurens, qui parlent sur la traduction de ses Œuvres ». Le portrait gravé d'André est placé en tête de l'ouvrage avec l'inscription suivante :

Vultum Laurenti cernis sub imagine; scriptis
Divini ingenii conspiciuntur opes.

Les détails que Jeanne nous a donnés sur son frère forment la meilleure partie de la biographie de ce dernier, et nous ne reviendrons pas, non plus, sur ceux que nous avons déjà notés nous-même[1]. Mais l'on trouvera peut-être quelque intérêt à connaître un livre que la nature du sujet permet de classer à part : c'est le *Discours sur la conservation de la veuë, des maladies mélancoliques, des catarrhes et de la vieillesse*, publié en 1598, en un petit volume in-32 de 516 pages[2]. André le dédia à la duchesse d'Uzès, sa bienfaitrice, celle-là même qui l'avait conduit à Paris et l'avait fait connaître à Henri IV.

Rien de plus original, pour la forme et pour le

[1] Ci-dessus, p. 74-75.

[2] Il n'y a pas de nom de ville, d'imprimeur et d'éditeur. On lit au bas de la page du titre : « Pour Théodore Samson. »

fond, que cette *Épistre dédicatoire;* et l'on peut voir là au naturel tout un côté pittoresque des mœurs du XVIe siècle.

On sait que beaucoup de femmes se distinguèrent alors dans l'étude des langues et de la philosophie, dans la poésie et la culture des lettres, et que de très grandes dames rivalisèrent avec les savants ou lettrés de profession. Catherine de Rohan avait donné à ses filles une telle éducation, que l'une d'elles pouvait lire les Écritures saintes dans le texte hébreu. Marie de Romieu, du Vivarais, écrivait à la duchesse de Retz :

« *Le grec t'est familier... Le latin t'est connu et la langue italique.* »

Ce qui est plus surprenant est de trouver des femmes dissertant sur des questions qui sont du domaine de la science médicale. Là est l'originalité du tableau que nous retrace « l'Épistre adressée à la duchesse d'Uzès » :

« Vostre esprit, qui est capable de tout ce qui est le plus rare au monde, a esté curieux d'en cognoistre les causes, et sçavoir d'où provenoient ces accidents. Je vous en ay fort souvent entretenue, et en propos vulgaires, et en termes exprès de la médecine. Enfin, mes discours vous ont esté si agréables qu'estant retirée à l'abbaye de Marmoustier, pour jouyr, et de la beauté du lieu, et de la bonté de l'air, vous m'avez commandé de les mettre par escrit et de leur faire voir le jour sous vostre autorité. Je n'ay peu honestement vous refuser... »

Un dernier trait achève de caractériser cette déférence du médecin, c'est que l'objet ou, pour mieux dire, le sujet du discours imprimé est la malade elle-même et en personne. La duchesse d'Uzès souffre d'un commencement de taie à l'œil droit, et elle est affligée quelquefois de catarrhes. Or il ne lui suffit pas de consulter là-dessus André du Laurens, un des plus habiles professeurs de Montpellier; et celui-ci ne se borne pas à transformer cette consultation en une dissertation complète sur le régime à suivre et les remèdes à employer. Il semble important à la malade, comme au médecin, de faire profiter le public d'un si rare travail. L'intérêt de l'humanité l'exige, les progrès de la science le réclament.

La science, qui suscitait ainsi, il y a trois siècles, presque toute une fièvre intellectuelle, ne se renfermait pas dans la matière; elle avait une inspiration plus élevée. Tout était alors subordonné à une règle supérieure, à une philosophie souveraine et maîtresse; tout servait de thème à de belles dissertations sur le monde physique et métaphysique, sur l'ordre de l'univers, sur le rang que Dieu y a assigné à l'homme, sur les rapports de l'âme avec le corps ; et il est superflu d'ajouter que la religion, elle aussi, avait une grande place dans l'esprit et la pratique des médecins.

André du Laurens, avec son éducation et ses traditions de famille, ne pouvait manquer d'être un médecin religieux. Il le fut par excellence, et nous voulons en fournir la preuve, en citant quelques extraits de l'ouvrage dont la duchesse d'Uzès provoqua la publication. Les passages qu'on va lire sont dirigés contre l'athéisme et le matérialisme. Ils sont très loin, sans doute, d'atteindre l'éloquence et la puissance de raison de Bossuet, dans son *Traité de la connaissance de Dieu et de soi-même*, où sont élucidés dans toute leur profondeur les points de vue qu'indique en passant le médecin occupé de décrire l'organisme de l'œil. Malgré l'archaïsme d'un style redondant et beaucoup trop pompeux, on sent cependant chez André une certaine éloquence naturelle, et l'on se rend compte de l'effet qu'il devait produire, non seulement auprès de la duchesse d'Uzès, mais dans ses relations avec Henri IV, dont il était devenu le lecteur favori.

Extraits du *Discours de la Conservation de la veuë*, par M. André du Laurens, médecin ordinaire du Roy, et professeur de Sa Majesté en l'Université de médecine à Montpellier [1].

« La veuë est le sens de nostre béatitude : car le souverain bien de l'homme consiste en la cognoissance de Dieu. Or, il n'y a point de sens qui nous y conduise mieux que la veuë. Les choses invisibles de Dieu, dit l'apostre, se manifestent à nous par les visibles; ceste première cause qui est infinie et incompréhensible ne se peut cognoistre que par ses effects...

« Viens-t'en icy, ô athée; employe ce noble sens à contempler cest excellent et parfaict ouvrage de Dieu, cest univers qui contient tout. Eslève ta veuë en haut d'où tu as pris ton origine, regarde le throsne de Dieu qui est le Ciel, la plus accomplie de toutes ses œuvres sensibles et corporelles. Vois ce nombre infini de feux allumés, et entre autres ces deux grands flambeaux qui nous esclairent, l'un le jour, l'autre la nuict. Contemple la majesté du soleil quand il se lève, comme il estend en un moment ses rayons depuis une extrémité

[1] Pages 45 et suiv., 59, 193, 211.

du monde jusques à l'autre, et comme le soir il plonge son char dedans l'onde. Regarde la variété des faces et apparences de la lune, les divers mouvemens des planètes qui vont continuellement avec une vitesse et esgalité incroyable et ne s'entreheurtent jamais.

« Si tu as honte de regarder le ciel, de peur d'estre contraint de confesser une Divinité, jette ta veuë en bas vers les eaux. Vois en la mer une merveille, comme elle menace perpétuellement la terre et ne desborde jamais : elle reçoit tous les fleuves du monde, et pour cela n'enfle point; on ne luy vit jamais passer les bornes. Regarde comme la terre est suspendue en l'air et se soustient sur sa propre pesanteur. Considère la diversité des animaux qui sont si accomplis en leur espèce, la beauté des pierres, le nombre infini des plantes qui sont aussy agréables en leur variété qu'admirables en leurs propriétés. Si tout cela ne te peut esmouvoir à recognoistre ceste première cause, si tes délices t'attirent ailleurs, viens-t'en icy, je te ferai voir en moins de rien l'abrégé du grand monde, le chef-d'œuvre de Dieu, le tableau de l'univers; et, bien ravi d'un si merveilleux artifice, tu seras contraint de t'escrier : « O homme, miracle et effort de la nature ! »

« Je ne veux représenter pour ce coup que la teste, d'autant que les rayons et marques de la Divinité y reluisent le plus. Contemple ceste maison royale, vois l'artifice du cerveau, les trois colonnes qui soustiennent tout le couvert de ce superbe édifice..., où logent les puissances souveraines de l'âme...; au devant ces deux astres luisans, ces deux miroirs qui nous représentent toutes les passions. — Les yeux admirent, aiment; aux yeux, tu remarques l'amour et la haine, la tristesse et la joye, la hardiesse et la crainte, la pitié et la vengeance, la santé et la maladie, la vie et la mort. Regarde, je te prie, comme en l'amour les yeux te sçavent flatter, comme ils deviennent doux, gracieux, affettés, attrayans, frétillans, enchanteurs; en la haine, comme ils s'effarouchent et deviennent rudes; en l'audace, comme ils s'eslèvent et brillent sans cesse; en la crainte, comme ils s'abaissent et deviennent comme immobiles; en la joye, comme ils sont rians et clairs; en la tristesse, tous abattus, larmoyans et ténébreux. Bref, ils sont du tout disposés à suivre les mouvemens de l'âme, ils se changent en un moment, s'altèrent et se passionnent avec elle, de sorte qu'on n'a pas eu tort de dire que l'âme habite aux yeux; et le vulgaire le croit encore; car, en baisant les yeux, il pense baiser l'âme...

« Lisons au livre de la nature, voyons combien elle a esté soigneuse de conserver les yeux, comme ses plus chers messagers; admirons aussy l'artifice duquel elle a usé pour leur défense : nous trouverons qu'elle n'y a rien oublié non plus que ceux qui veulent fortifier une place et la rendre imprenable...

« Et que diras-tu de ce petit morceau de chair, qui se meut en cent mille façons comme une anguille, j'entends la langue, qui est l'interprète de toutes nos conceptions, vraye messagère de l'âme, qui chante, comme dit l'apostre, louange à son Créateur, et donne souvent malédiction aux hommes, qui ravit, fléchit, tonne, anime au combat les âmes généreuses, qui a le pouvoir de perdre et de renverser les plus florissans Empires et de les remettre aussy.

« Bref, regarde, ô athée, la beauté et la majesté de ceste face qui fait trembler tous les animaux. N'y trouveras-tu pas une étincelle et je ne sçais quel rayon de la Divinité? N'y verras-tu pas la marque et le caractère de ton Créateur? Et, ayant le tout contemplé, ne seras-tu pas, bon gré mal gré que tu en ayes, contraint de t'escrier avec le Prophète royal : « *Tes mains, Seigneur, m'ont formé, je t'exalteray tout le temps de ma vie.* »

« Combien donc est noble la veuë, puisqu'en nous représentant tant de merveilles et de diversités d'objects, elle nous mène à la cognoissance de Dieu!...

« Ceste noblesse de l'homme ne provient pas du corps qui est matériel et corruptible. Son extraction vient de plus haut : c'est l'âme seule qui l'anoblit; elle est créée de Dieu...

« Je viens d'eslever l'homme jusques au plus haut degré de sa gloire.... Je veux maintenant représenter en luy le plus chétif et misérable des animaux..., quand, par sa malicieuse volonté devenu apostat, il efface le divin caractère et vient avec l'ordure du péché polluer le sainct temple de Dieu, quand par un appétit desreglé il se laisse tellement transporter à ses passions, comme à la colère, à la haine et gourmandise, qu'il devient plus furieux qu'un lion, plus inhumain qu'un tigre, plus ord et vilain qu'un pourceau. Je n'entreprends point de corriger ceste dépravation, je laisse ce discours au théologien... »

TROISIÈME APPENDICE

JEAN DU LAURENS

Sa vie et sa mort.
(1565-1617)

TROISIÈME APPENDICE

JEAN DU LAURENS [1]

« Le Père Jérome d'Arles, capucin, naquit en cette ville, vers l'an 1564 [2], de Louis du Laurens docteur en médecine et de Louise de Castellan. Cette mère vertueuse eut la consolation de voir ses huit enfants docteurs, deux en théologie, trois en droit et trois en médecine.

« A l'âge de dix-huit ans, Jean, qui est celui dont nous parlons ici, entra dans l'Ordre des Capucins. Il reçut l'habit des mains du R. P. Jérôme de Milan, à Lyon, en 1582, et fit profession l'année suivante le 22 avril.

« Ce fut un zélé défenseur de la religion : la philo-

[1] Nous empruntons cette notice sur Jean du Laurens (en religion, le Père Jérôme) au *Dictionnaire de la Provence et du Comtat-Venaissin*, publié en 1786 à Marseille, t. III, p. 417 et suiv.

[2] Il y a ici une inexactitude. Jean du Laurens était né en 1565.

sophie et la théologie, qu'il avait étudiées avec feu, lui fournirent les moyens de combattre les hérétiques avec des armes toujours victorieuses. Il se distingua particulièrement dans la prédication de l'Évangile; jamais prédicateur ne parla avec plus d'onction et n'opéra des conversions plus éclatantes et plus sincères. Il lui arrivait souvent de passer de la chaire au confessionnal, pour y écouter les pécheurs que ses discours avaient touchés, et le confesseur achevait ce que le prédicateur venait de commencer.

« Les villes d'Aix, de Marseille, de Toulouse, de Bordeaux, et plusieurs autres furent le théâtre de ses prodiges. Il y était honoré comme un prophète, et il n'en sortait jamais qu'on ne le priât d'y revenir bientôt. La renommée célébra ses talents dans le sein de la capitale de la France. Le P. Jérôme y fut appelé, il y cueillit de nouveaux lauriers : il prêcha le carême à Paris, à Saint-Germain, en 1597. L'année suivante, M. de Gondy le demanda pour Notre-Dame.

« Étant gardien à Marseille en 1599, il prêcha le carême à l'église des Augustins et y fit les quarante heures en chaire, c'est-à-dire qu'il resta pendant quarante heures en chaire dans l'espace de trois jours. Les pécheurs couraient en foule, les conversions furent abondantes.

« Les Marseillais en conçurent une si grande estime pour les Capucins que leur monastère, commencé par une reine, et qui avait été discontinué par le manque de fonds, fut bientôt exhaussé et perfectionné. Les

Consuls demandèrent le P. Jérôme pour prêcher aux Accoules, l'année d'après. Ce prédicateur bannit le luxe et l'indécence trop commune chez les femmes d'un certain rang. On ne le nomma plus que l'*apôtre de Marseille.*

« Vrai disciple de Jésus-Christ, le P. Jérôme prêchait la vertu par ses exemples autant que par sa doctrine. La sainteté de sa vie, la régularité de sa conduite, la pureté de ses mœurs, lui attiraient bientôt le cœur de son auditoire. Son temps était partagé entre l'oraison et les austérités d'une vie pénitente, les jeûnes, les cilices, les veilles, etc...

« Son humilité lui fit refuser les archevêchés d'Arles, d'Aix et d'Embrun, qu'Henri IV lui fit offrir. Le pape Paul V, ayant appris du cardinal de Joyeuse, doyen du Sacré-Collège, quels étaient les talents et les mœurs du P. Jérôme, le reçut avec cordialité lors du Chapitre général de son Ordre tenu en 1605.

« Le P. Jérôme était respecté des Turcs mêmes. Allant à Rome par mer en 1604, il fut pris par un corsaire; mais Amurat Rais, général des galères, le fit relâcher avec la barque et avec tout l'équipage.

« Enfin, ce zélé religieux fut presque le fondateur des couvents de son Ordre établis aux Martigues, à Pertuis, à Grasse, à La Ciotat, à Orange, à L'Isle, à Valréas, à Apt, à Tarascon, à Saint-Tropez, etc... Trois fois il fut élu provincial.

« Il était dans la seconde année de son troisième Provincialat, lorsqu'un de ses amis l'engagea à s'embarquer avec lui aux Martigues pour Marseille, le

2 août 1617. Le P. Jérôme se confessa, célébra la messe, et, ayant gagné les indulgences de la Portioncule, il se mit en mer après le dîner. Étant au delà de la Tour de Bouc, vis-à-vis le Cap Couronne, le patron ayant fait une fausse manœuvre, le bateau chavira. Le sieur Polaire, son ami, qui dormait, fut à l'instant englouti. Le P. Jérôme, le frère Gilles son compagnon, le patron, un matelot et un mousse se saisirent d'une planche longue de cinq à six pieds et s'y soutinrent pendant un assez long temps. Le P. Jérôme exhortait ses compagnons d'infortune à mourir en chrétiens; il les écouta en confession et il leur donna l'absolution. Mais, les forces leur ayant manqué successivement, l'enfant périt le premier; le patron, s'étant mis à la nage, fut bientôt submergé. Après deux heures de résistance, de combat contre les vagues, et d'exhortations, le P. Jérôme, sentant diminuer ses forces, dit à son compagnon et au matelot qui restaient de ne pas s'inquiéter sur son sort, mais de tâcher de se sauver eux-mêmes. Ses mains se détachèrent de la planche, il les joignit en se recommandant à Dieu, et il disparut. Un bateau, qui passa quelque temps après, sauva le frère Gilles et le matelot, qui rapportèrent cette triste nouvelle.

« L'on chercha pendant vingt-six jours le corps de ce religieux, et, l'ayant trouvé le 28 août [1], on le

[1] D'après Jeanne du Laurens, c'est le 17 août que le corps de son frère aurait été retrouvé.

plaça, à Marseille, dans l'église de Saint-Jean, à l'entrée du port, où les religieux furent le prendre processionnellement. Les boutiques furent fermées lors de son convoi. Toute la ville voulut être le témoin de ses obsèques. On célébra pour lui un service solennel à la Major; les Consuls de Marseille y assistèrent en cérémonie.

« Plusieurs églises d'Aix, d'Arles et de la province firent un service solennel pour le repos de son âme. La cathédrale d'Orange en fit un, auquel l'évêque prononça lui-même l'éloge du P. Jérôme, qu'il avait connu et estimé.

« Nous avons du P. Jérôme quatre volumes de discours et de sermons manuscrits et un volume sur l'Écriture sainte. Il serait à souhaiter que ces productions du génie et de la piété fussent livrées à l'impression. »

BIBLIOTHÈQUE NATIONALE R.F. IMPRIMÉS

FIN

TABLE DES MATIÈRES

CONTENUES DANS CE VOLUME

PREMIÈRE PARTIE

LE RÉCIT DE LA FILLE

DEUXIÈME PARTIE

LES TESTAMENTS DES PARENTS

APPENDICES

TROIS DES FILS DU LAURENS

I

HONORÉ DU LAURENS

II

ANDRÉ DU LAURENS

III

JEAN DU LAURENS

8663. — Tours, impr. Mame.

OUVRAGES DU MÊME AUTEUR

UNE FAMILLE AU XVIE SIÈCLE

D'APRÈS DES DOCUMENTS ORIGINAUX

TROISIÈME ÉDITION

COMPLÈTEMENT REFONDUE ET TRÈS AUGMENTÉE

UN VOLUME IN-18 JÉSUS

LE LIVRE DE FAMILLE

UN VOLUME IN-18 JÉSUS

Prix de chacun des deux ouvrages ci-dessus, broché : 2 francs.

EN PRÉPARATION

LES FAMILLES ET LA SOCIÉTÉ EN FRANCE

AVANT LA RÉVOLUTION

D'APRÈS DES DOCUMENTS ORIGINAUX

QUATRIÈME ÉDITION

Deux volumes in-18 jésus, brochés : 4 francs.

8759. — Tours, impr. Mame.

www.ingramcontent.com/pod-product-compliance
Lightning Source LLC
LaVergne TN
LVHW010601110826
845149LV00003B/720

* 9 7 8 2 0 1 9 2 5 0 4 0 9 *